微笑攻略

LAUGH AND LIFE

人生遊戲這樣玩就對

財富、事業、婚戀……強敵接二連三，裝備笑容突破難關！

● 道格拉斯・范朋克 Douglas Fairbanks 著　李叢梅 譯 ●

（再難也不交出夢想，）（再黑也不關掉希望，）

站起來、跑起來，再累也別忘了笑出來！

目錄

第一章　「吹著口哨生活」……………………… 009

第二章　審視自己 ……………………………… 015

第三章　儘早培養自信 ………………………… 023

第四章　汲取經驗 ……………………………… 031

第五章　活力、成功和微笑 …………………… 037

第六章　確立個性 ……………………………… 043

第七章　誠實──性格基石 …………………… 049

第八章　身心潔淨 ……………………………… 057

第九章　體諒他人 ……………………………… 065

第十章　保持民主 ……………………………… 073

目錄

第十一章　閱讀好書，自我教育 …………………… 079

第十二章　身心準備 ………………………………… 087

第十三章　自我放縱與失敗 ………………………… 093

第十四章　入不敷出 ………………………………… 097

第十五章　自力更生 ………………………………… 103

第十六章　錯失良機 …………………………………111

第十七章　勇於承擔責任 ……………………………115

第十八章　適時結婚 …………………………………121

第十九章　笑對人生 …………………………………127

第二十章　喬治‧克里爾（George Creel）談論
　　　　　范朋克 ………………………………131

范朋克（Douglas Fairbanks）

范朋克在電影《羅賓漢》(*Robin Hood*) 中飾演的角色

范朋克在電影《佐羅之子》(*Don Q, Son of Zorro*) 中飾演的角色 (右邊)

目錄

范朋克在電影《放蕩不羈》(*The Nut*) 中飾演的角色

范朋克與夫人瑪麗・璧克馥 (Mary Pickford)

第一章
「吹著口哨生活」

第一章 「吹著口哨生活」

在這個美好的世界上,誰努力尋找幸福,幸福就會降臨到誰的身邊。只有學會微笑才能得到幸福,我們身邊的每個人,包括你、我和所有人,都有資格獲得幸福。從本質上來說,幸福是人的心態,而不是身體狀態。因此,心態決定幸福。在我們踩到了香蕉皮時,還能將遠處的風景盡收眼底,依然保持愉快、舒適和寧靜的心情;倘若我們能做到這些,並且還能面帶微笑,則表示我們擁有良好的心態,幸福也就離我們不遠了。

可是,我們怎樣才能做到這些呢?朋友們,讓我來告訴你們吧。對我所說的話,您毋庸置疑,因為,這就是我寫這本書的目的。在此,我還要感謝我的朋友,感謝他們熱情款待了為我提供寫作素材的人。在電影裡,我所能做的就是扮演好、塑造好我的角色,博得觀眾一笑。觀眾也能推測出我在劇中所要表達的核心思想。但是,在電影之外,我也可以用筆描寫出那些無法用特寫鏡頭描述的「無聲戲劇」。

首先我要問大家一個「愚蠢」的問題:你笑過嗎?你曾經笑出聲過嗎?

我所指的笑,是發自肺腑、情不自禁的笑,源於自發的慣性動作。如果你沒有這麼酣暢淋漓地大聲笑過,那麼

我勸你馬上行動起來，即刻開懷大笑。倘若我們能夠笑著開始每一天，我們就不用擔心這一天是否是寂寞無聊的。對我個人而言，我喜歡笑，因為它是生活中的營養來源，不可或缺。在日常生活中，笑始終圍繞著我，讓我感覺心情愉快、精神飽滿。

笑是生理需求，有益於神經系統的健康運轉。因為，深沉、有力的胸部運動會加速血液流動，促進血液循環，這對健康是大有裨益的。也許，你沒有想到，甚至根本沒有意識到，笑可以增加血液的含氧量，使其保持鮮紅色。不僅如此，笑還能緩解大腦的緊張狀態。

從某種程度上來說，笑是一種習慣。對有些人來說，笑的習慣只有經由練習才能獲得。那麼，是什麼原因阻礙人們發出爽朗的笑聲呢？答案也是各式各樣的。但是，我知道，如果你曾經想到過死，那麼笑能讓你延年益壽；如果你染上疾病，心情沮喪，那麼笑能讓你一掃陰霾；如果你身體贏弱，那麼笑能讓你心寬體胖；如果你鬱鬱寡歡，感覺厄運連連，那麼笑能讓你柳暗花明。俗話說「無欲則剛」，只要你沒有欲望，笑出來，你就能所向披靡、無往不利，甚至連死神對你也無能為力。我們常看到那些「笑對人生」的人，顯得無所畏懼，那是因為他們的內心乾淨透明。

第一章 「吹著口哨生活」

在任何情況下，笑的魔力都能讓人感覺到幸福。我不得不承認，笑能讓人歡呼雀躍，具有無比的魅力，讓人無法抗拒。但是，如果心煩意亂，沒有值得笑的事情，這時應該做些什麼來改變這種情況呢？笑意味著行動，只有行動才能驅散黑暗，消除煩躁和憂慮，排遣心中所有的負面情緒。然而，真正的笑，源自內心深處，就像湧動的噴泉，汩汩而出的水花就是行動和自發的完美結合。當行動和自發神奇地交織在一起的時候，就會展現出笑的精髓，這種精髓正是人們內心灑脫和奔放的情感！因此，我們所要做的事情，就是保持開懷大笑，並長期不斷地堅持下去。因為，只要我們自身擁有美好的品德，我們的笑就會源於真誠，不會傷害到他人。在我們身邊，許多人已經學會了微笑，但是還有一些人，在他們的臉上，始終沒有一絲笑容。他們總是滿面愁容、舉止呆板、萎靡不振，無時無刻都在折磨自己。當一個人疲憊不堪、飢腸轆轆的時候，或許笑對於他來說，的確是一件奢侈品。那麼，這個時候，就需要他擁有精神、精力來支持自己的行動。對他而言，如果沒有樂觀的心態，如果在困境面前自甘墮落，如果不能下定決心有所改觀，那麼，他就會陷入萬丈深淵、不能自拔。因為，他的臉上長時間看不到絲毫的笑

容,他的內心燃燒不起希望之火,那麼,他的健康勢必要被自己悲觀的心態一點一滴吞噬掉。那麼,遇到這樣的情況,我們怎樣才能獲得好的心情,藉以改觀我們的現狀呢?我深刻地體會到一點,就是藉由體育運動,保持自我的身心健康,加快血液循環,從而克服懶惰,擺脫自我封閉,獲得積極、健康的人生態度。

雖然體育運動對於人類本身來說尤其重要,但是大家大可不必小題大做。我建議大家經常到戶外走走,呼吸一些新鮮空氣。在我們快步行走的同時,笑一笑。當然,也不用做得太過分,無需緊張,只要隨時保持輕鬆的心態即可。每天堅持晨間運動,晚上再堅持鍛鍊一下,循序漸進,就能有所收穫。

運動也是有章可循的,前提是我們必須要有健康的理念。跑到鄉間小路上,或者跨越山間的溝渠,接著跑、快跑、奮力地跑,直到筋疲力盡,一頭栽倒在草地上,然後笑,大笑,縱聲長笑。因為,你行走在幸福的路上,笑會讓你感到身心輕鬆。現在,就去試試,馬上就動身。如果你在讀這些句子的時候已經華燈初上,那麼請放下書,繞著社區跑幾圈。回來之後,你就會覺得情緒飽滿、精神振奮。一旦熱血沸騰,你就會考慮採用其他方式讓自己的身

第一章 「吹著口哨生活」

體更加健康。所以，運動有助於身心健康，有助於提升幸福感。

如果你從來沒有真正地做一次運動，那麼就不會對它有深刻的理解。運動簡單易懂，極有利於身體健康，還和日常睡眠、第二天的工作緊密相關。甚至可以這樣說，沒有體育運動的人生，簡直就是殘缺的人生。運動吧！笑吧！充滿活力的人，如果沒有笑的習慣，那麼現在就開始培養，千萬別錯過任何開懷大笑的機會。微笑總比表情呆板好，輕聲笑出來也比悄然無聲好，酣暢淋漓的笑是最為有益的。

如果你有勇氣面對生活，那麼現在就試一試！當你大笑之後，對比分析一下前後情緒的變化。一旦你養成了笑的習慣，哪怕只有短短一週的時間，你也會習慣充滿歡聲笑語的工作環境，從此，你會一直保持笑容。順便說一下，讀者朋友們，千萬別驚慌，人稱代詞的「我」和「你」，在以後的章節中會用更合適的「我們」來代替。如果只是想與他人建立良好的人際關係，而享受稱呼上短暫的親密，那麼我無法抗拒這樣的誘惑。朋友們，請你們大聲地嘲笑我吧。

第二章

審視自己

第二章　審視自己

　　在生活中，很多時候，我們只能靜靜地等待事情的發生，但成功並不僅僅取決於運氣。想要獲得成功，經驗的累積十分重要，因為經驗是真正的老師。刀傷藥雖好，但還是不割破手為妙。因此，我們首先要考慮的就是盡可能地防止厄運的到來。人生旅程伊始，我們需要審視自己的身心狀況，從而防止災難的到來。每個人都有一個非常大的弱點，就是習慣於負荷前行，這樣就需要我們儘早地審視自己，才能讓我們知己長、補己短，防微杜漸，避免跌倒。

　　然而，我們始終擺脫不掉的一個心理障礙，就是恐懼。如果我們內心充滿了恐懼，夢想就會隨之幻滅。同樣地，如果我們內心充滿了妒忌、惡意和貪婪，我們也會以失敗告終，與成功擦肩而過。因為，這些不良情緒就像恐怖的陰影，始終伴隨在人類左右。在尋求個人利益最大化的過程中，我們應該斂心內觀，避免負重過度。在人生旅程中，如果我們自身帶有不良情緒，一旦失敗了，我們就沒有任何藉口將責任歸咎他人。其實，不良情緒常常襲擊我們，這時我們就需要知道勇氣、信任、榮譽就在身後的馬鞍上，一旦我們跨上了馬背，那些不良的情緒就會煙消雲散。

　　在人生旅途中，恐懼遲早會到來。如果我們內心充滿

恐懼，在行動之前，就會發現自己已經被恐懼牢牢地困住。我們本來可以走得更遠，但如果我們像有些人那樣驕奢淫逸、自我放縱，我們最終要為此付出沉重的代價。因此，在一開始的時候，我們就應該把「不良情緒盈虧狀況」記錄下來，然後，把它們踢回水溝裡。這些不良情緒不是我們的同路人，不應該陪伴我們平靜地走過人生旅途。趁著我們還年輕，身體健壯、精力充沛，我們應該想盡辦法擺脫不良情緒的控制。否則，隨著時間流逝，那些不良情緒會年復一年地侵蝕我們的心靈。如果真的到了那個時候，我們就真的無能為力，只能任由其隨意擺布了。

偉大的劇作家莎士比亞曾說：「如果和遠遜於我們的人建立友誼，我們怎麼做才能對自己真實呢？」物以類聚，人以群分。我們的一切特質都可以經由我們結交的人展現出來。因為，在通常情況下，人們會依據我們的朋友圈對我們進行分類。判斷的過程不會持續很長的時間，好與壞也不會混淆太長的時間。於是，我們很快就會成為一種人（好人）或者另一種人（壞人），不可能同時成為兩種人（既是好人又是壞人）。

多年前，在我祖父的那個年代，曾經有一段時期，當人們「尋求出路」、「滿載而歸」的時候，人們評判自己成

第二章　審視自己

功與否的依據,就是累積金錢的多寡。當然,這些是在「審計」發明之前的事了。但是,時至今日,情況不同了,問題也出現變化,取而代之的是「你到過哪裡?」、「你為什麼要離開呢?」、「你的證書呢?」看著人們疲倦地搖頭走開,我們或許天真地以為自己「了解」情況,但事實卻並非如此。對自己真實,才不會對他人虛偽,就像黑夜一定會和白晝交替一樣。如果我們分析自己,就會發現自己正實踐著上述格言。

同時可以這樣說,我們不能用金錢衡量成功,也不該僅僅以財富多少為依據來衡量成功。我想,所謂衡量成功的標準,首先是要擁有健康的身體和美好的心靈。擁有了這兩件武器,我們就可以展望夢想。然後,我們需要做的就是愉快地規劃人生,朝著目標出發。同時,跟隨目標而來的一定是充滿信心的勇氣,它讓我們覺得夢想無比重要。有了夢想,我們一定會獲得成功。

與此同時,人們常常會發現,當我們有一個宏大的理想,並堅持不懈地將其付諸實踐的時候,總有些人會立即站起來說:「這件事我早就想過了!」我想,我們大多數人都有同樣的經歷:在我們讀過一本偉大的著作後,發現自己被欺騙了。因為它根本不值得一讀。但是,我們不可否

認,提出這個觀點的人被譽為天才,因為他在正確的時間做了正確的事情。

天才與常人迥然不同。雖然每個人都有雄心壯志,但只有少數人能實現自己的志向。當一個人在幻想的時候會說:「假如我現在有錢,我就把它花光。」在這裡,「假如」一詞的使用,正好表示他缺乏勇氣。如果一個人性格健全、考慮周密,他就能輕鬆地掌握金錢,並且隨時都能辦到。如果他擁有勇氣,就具備了使資本招手即來的能力。如果失敗,那麼失敗的原因肯定是他內心的怯懦。良好的初衷沒有得到任何回報,因為他缺少勇氣,這是致命的性格缺陷。因此,還是回到前文提到的建議上,我們想要成功,必須做到身體健康、頭腦靈活、目的單純並擺脫恐懼的騷擾。為了獲得成功,我們總是假想出一些情景,並且預設其可行,結果可能由於疏忽而導致全盤皆輸。這時,我們必須找出原因。是因為太馬虎而摔倒在路邊,還是被怯懦的「如果」嚇倒了,抑或是我們缺乏成功的基礎?

事實上,由於我們缺乏堅定做事的勇氣,我們才會失敗。人生是個偉大的歷程。如果你的身體健康,那些失敗的人就會把失敗的原因歸咎為精神的欠缺。如果我們能笑著生活,那麼失望接踵而來又有什麼關係呢?在某種程度

第二章　審視自己

上來講,失敗一定會來到我們身旁,但你如果足夠聰明,明白健康的身體、健全的頭腦、開朗的精神有助於成功,我們就能從失敗的廢墟中爬起來,並且反敗為勝。正如丁尼生勳爵阿佛烈(Alfred, Lord Tennyson)所說:「人們沿著他們自己的屍體鋪成的石階,可以爬升到更高處。」

真正偉大的人是健康的,否則,他們將缺乏偉大的特質。監獄充滿了緊張不安、疾病纏身的犯人。如果他們能考慮到那些受害者的損失,及時意識到事情的嚴重性,那麼他們可能就不會犯罪,也可以挽救自己。但是毫無疑問,他們當中的大多數人因為無知而跌進了犯罪的谷底。

因此,毋庸置疑,生命的第一要旨就是健康。對於人類而言,擁有健康的身體,才有取得成功的資本,才有實現「一切皆有可能」的本錢。但是,如果我們不注意保持身體健康,健康就會被揮霍掉。如果我們對健康漠不關心,健康將會消失。如果說還有機會挽回我們的健康,那就是笑看生活。笑聲和健康息息相關,就像鋼針和磁鐵能夠相互吸引一樣。笑聲是一個清新遊蕩的精靈,如噴泉溪水,總是令人耳目一新,處處洋溢著愉悅和甜美。同時,我們還要審視自己,記住恐懼在失敗的劇本中扮演的重要角色。因此我們首先應該擺脫恐懼。如果我們在恐懼戰勝我

們之前將其制服，就能很容易地改正恐懼的心理。雖然恐懼總是與失敗相伴而行，但是，如果我們有足夠的勇氣去面對它，那麼所有的事情都可以迎刃而解。

　　我認為，我們應該養成良好的習慣，經常閱讀勵志書籍，翻閱鼓舞人心的圖畫，聆聽勸人向上的音樂，結交志同道合的朋友。最重要的是，我們應該培養一種習慣：乾淨想事、健康做事。喊出我們的口號：「正確對待自己！」經常審視自己，看清自己所處的位置，這樣我們就不會畏懼自己的缺點，而正視這些問題，掌握自己。閱讀一本好書或劇本，會拓展我們的知識，給予我們有益的幫助；從事某種形式的體育運動，能拓寬我們的思路；自我分析會讓我們更好地看清自己，使自己不被過度樂觀的情緒所迷惑。可見，經常審視自己，就是成功最好的方法。在黑暗的道路上摸索前進，雖然我們舉步維艱，但「審視自己」就如同矗立在黑暗中的一座燈塔，為我們指引一條陽光大道，使我們能披荊斬棘、重見光明。

第二章　審視自己

第三章
儘早培養自信

第三章　儘早培養自信

年輕人具備各種優良的特質和潛能，這使得他們能夠獲得成功。既然如此，年輕的時候，我們為什麼不培養一項持久的能力，從而保證在今後的人生中能夠順利地達成願望呢？事實上，我們的命運完全取決於年輕時如何開發自己的潛能。

在現實生活中，無論在身體上、心理上還是在精神上，經驗和知識代表著我們個人成長的歷程。其實，對我們所有人而言，只要能做到以下幾點，我們就能獲得成功。首先，要保持身體健康，這一點的重要性，在前面已經說過了，這裡就不再贅述。其次就是要有自信，一個沒有信心的人，他的事業也將會是短暫的，如曇花一現。然而，唯有我們每個人都熟稔自己的內心，隨時停下來揣摩一下思想中「被遺忘的角落」，用敏銳的眼光去審視自己，才能做到具有信心，不自欺欺人。

事實上，大多數的失敗都源於缺乏自信。一旦我們開始懷疑自己或發現性格的瑕疵，我們就開始走下坡。雖然這是一個微妙的過程，但是，年輕時的我們卻很難意識到這個問題的嚴重性。隨著時間的流逝，當決定我們命運的日子無情地逼近時，我們就像在海中隨波逐流的漂流木一樣，被捲到孤獨的海灘上，鬱鬱而終。然而，這一切的罪

魁禍首就是我們缺乏自信。但往往當我們意識到這一點的時候，已經為時過晚。人們的晚年生活之所以會在麻煩中度過，大部分原因是因為在年輕時沒有好好地了解自己、審視自己，而只是一味地放縱自我，無法認清自己想要的是什麼，也就談不上成功了。

如果我們能對自己友好一點，更加輕鬆、更為自信地為解決某個問題而深思熟慮，這樣也許在我們散步的時候，我們就能想到一條合適的途徑去解決那些長時間困擾我們的問題。這個過程會是一段美好的時光。當我們樂觀積極地做事，認為困境就像兒童嬉笑、鳥兒唱歌一樣自然，那在我們眼裡，世界會是五彩斑斕的，成功就在路的轉角處，失敗也會像虛幻的烏托邦一樣消失得無影無蹤。

自信的人們總是會受到大家的歡迎。人們不僅會無怨無悔地信任他們，而且還會向他們提供協助，在他們力所能及的範圍內透過各式各樣的方式盡可能地幫助他們。我們可以得出這樣一個結論：微笑的人總會贏得世界，因為他們擁有自信。只要我們內心充滿美好的希望和熱情，我們就不會失敗。但在現實生活中，有些人卻是天生悲觀、沉默寡言的。他們的生活圈狹窄，生活單調乏味，這樣的人只能活在自己的世界裡，很少能成就大事。

第三章　儘早培養自信

　　我們必須滿懷希望去追尋自己的夢想。趁著我們還年輕、還能享受生活的美好。讓我們儘早地開始培養自信心，消除我們內心的怯懦。雖然快樂的日子多晚到來都不算晚，但我們還是應汲取之前所有的警告、教訓，揚長避短，沉著、冷靜、準確地走好生命中的每一步。好的開始是成功的一半，一旦擁有了良好的開端，我們就要努力保持這個好的趨勢，不停地審視自己，讓自身保持良好的狀態。

　　如果我們選擇熱愛我們所從事的工作並堅持努力工作，這證明我們是很明智的，但與此同時，也不能忘記我們所要承擔的家庭職責，不要忘記與家人分享我們成功的喜悅。如果為了生意上的成功而疏遠溫暖的家庭，那就意味著我們隨時都面臨著失去一切的風險。熱愛家庭、關愛家人，是全世界成功者都應該具備的優良特質。如果失去了靈魂、失去了家庭、失去了始終關愛我們的家人，那麼贏得了世界又有什麼意義？總而言之，一旦我們下定決心去贏得勝利，並且有了自己明確的前進方向，那我們就要立刻行動起來。擁有健康的身體，滿滿的自信，熱愛我們的工作，關心我們的家人……當一切都準備妥當時，我們將滿懷征服者的勇氣開始人生的旅程，從而踏上成功之路。

所以，擁有自信心，微笑著去看待這個世界，對我們來說很重要。當我們了解了身邊那些成功之人，研究過他們的成功經驗後，我們將會獲益良多。我們會看到，如果他們的性格是陰鬱、孤僻、易怒的，或者在他們的性格中或多或少有一點這樣的特質，那麼他們就不能夠算是成功之人。反過來，如果這些人是樂觀、豁達的，那就意味著他們擁有自信，他們的內心很強大，這樣的人即使身陷困境，也能找尋到令自身開懷大笑的契機。當他人覺得舉步維艱、進退兩難時，這些傢伙能走過去，看清局面並控制形勢。在接受採訪時，失敗者總是會以他們沒有足夠的信心為同樣的借口。他們所使用的詞語可能不同，但內容都大同小異。那些失敗者都經歷過自我懷疑的過程，這是他們太晚審視自己導致的必然結果。儘早審視自己能改善我們的個人能力，加快成功的步伐。當我們明白這一點時，就能理解那些失敗者的難堪和窘迫了。

　　經常回過頭來審視自己，看看我們之前走過的路，我們會變得更加堅強，因為這樣做可以摒棄我們曾經的弱點，讓我們改「邪」歸正。實際上，我們所掌握的很多知識和技巧，都有助於戰勝膽怯，這種能力是與生俱來的，只有在特定的、急需的時候，這種能力才能被激發出來，從而

第三章　儘早培養自信

變為行動，派上用場。也許，我們無法想像，在不了解自己的樂器的情況下，一位偉大的小提琴演奏家如何登臺演出。然而，有一點可以肯定的是，如果這位小提琴家不熟悉自己的優、劣勢卻依舊希冀成功，那麼失敗就會登上他的人生舞臺。如果想要成功，我們必須牢記要摒棄所有有關失敗的想法，這樣，成功就會自然而然地到來。但無論怎麼說，能否成功在相當程度上還是取決於我們的心態，只要我們始終懷揣夢想、渴望成功，我們就有獲得成功的可能。放棄毫無用處的自我貶低吧！它就好比一種疾病，一旦被它控制，我們就會離成功越來越遠，夢想也會隨其逃之夭夭。

讓我們儘早地培養自信，在年輕時就能夠控制我們人生的發展方向。跟他人相比，我們的優越之處正在於我們身心狀態的健康。只有健康的心態，才能孕育出健康的身體。

外表是內心的外在表現，能夠呈現出我們的精神面貌。所以，在大部分情況下，人們都以貌取人，在沒有深入地了解身邊人的特點時，就憑藉第一印象形成自己的觀點。在日常生活中，我們不會與那些愁容不展、緊鎖眉頭走進辦公室的人成為至交，而當我們看到另一個步履輕盈、精

神振奮、信心百倍的人時，我們在內心深處就早已接受了這個人。年輕時的自信有助於日後的成功，但這卻並不意味著在今後的人生道路中我們可以輕鬆地得到我們想要的，我們還要加倍地努力。年輕時的自信只是意味著有能力整合自己、控制自己，並有能力讓他人認同自己，有自我歸屬感和成就感。

如果想實現以上目標，最為快捷的方法之一，就是微笑。始終把微笑掛在臉上，可以為我們營造融洽的人際關係、和諧的社交氛圍。我們不要只有在當著他人的面的時候才展現微笑。那是虛偽的。真正的微笑，或者開懷大笑，都是不能偽裝出來的。人們也很容易辨別笑的真偽。真正的笑是發自內心的，是自信和健康的展現。當我們面臨困境時，請放聲大笑，讓笑聲幫我們度過難關，獲得勝利。

無論什麼時候，只要我們發現自己不再微笑，那就讓我們把手邊的工作停一停，整理一下思路，看看是哪裡出了問題。培養笑的習慣吧！如果我們忙於思考而忽視了身體健康的重要性，那就讓我們放下那些深奧的思想，走出家門到戶外運動吧！沿著大街跑跑步，或者做些其他的事情，放鬆一下心情。如果我們看到一棵樹，並且想爬上

第三章　儘早培養自信

去，那麼就行動吧。我們不需要理會鄰居們冷嘲熱諷的話語。我們要做的只是站起來，快樂地蹦蹦跳跳就可以了。當鄰居們明白體育運動的價值時，他們就會收起曾經的嘲笑，轉而嫉妒我們健康的生活習慣。如果你不相信，那就讓我們拭目以待吧！

第四章

汲取經驗

第四章　汲取經驗

　　實踐是我們獲取經驗的不二法門。人們經由不斷的實踐獲得經驗，沒有親身經歷就無法獲得真正的體驗。只要我們不停地做事，經驗就會接踵而來，並迅速地融入到我們的生活中。有些經驗是生澀難懂的，有些卻簡單明確，還有一些特別複雜，難以理解。人也有兩類，一種人不停地汲取經驗，另外一種人卻與之相反，他們從來不認為經驗是有用的。然而，不幸的是，後者往往占大多數。精力充沛、體格健壯、知識豐富的人憑藉經驗看待事物，就如同透過窗戶看東西一樣清楚，即使玻璃上有霧氣，他也能明白窗外有什麼。而心理不健康、效率低落、性格懦弱的人卻只能站在一旁，把機會讓給別人。隨著時間的流逝，多年以後，他們卻滿懷怨恨地抱怨自己沒有得到同樣的機會，這不是很可笑的嗎？

　　有經驗的人在面對困境時，所採取的解決方法，常常令那些只會抱怨的人汗顏、顫抖。當他們身陷困境時，他們會經由縝密的思考，透過自我分析學會如何克服困難。因為他們知道，每一條路都有一個轉折點，眼前可能暫時看不到這個轉折點，也不知道這個轉捩點到底在什麼地方，但是他們並不灰心，而是以堅定的信念，背起行囊，蹣跚前行，因為他們始終相信勝利就在前面不遠處。這樣

的人非常有自信，迥異於一般人。令我們驚奇的是，許多偉人對他們為什麼會獲得成功感到困惑不解，如果讓他們一一列出成功的原因，他們也無法辦到。我認為，他們成功的原因是他們從來不害怕體驗，他們在無意識中獲得經驗，而不是有意為之。那些偉人普遍承認，汲取經驗讓他們擁有了不斷前行的獨創意識，只要環顧一下身旁，他們就能很快地把握機會。

年輕人的人生剛剛起步，往往由於缺乏經驗，對未來憂心忡忡。他們景仰偉人，他們閱讀大量的書籍，鑽研成功人士自我奮鬥的歷程，希望從中獲得成功的經驗。當然，他們還希望能夠遇到成功人士，直接聆聽他們成功的祕訣。但我卻認為，與成功人士的面談完全沒有必要。「努力實踐並汲取經驗」，這是成功人士對追隨者的全部建議。唯有親身去做、親身去體驗，直到擁有了足夠的經驗時，我們才能從中獲利。除此以外，別無他法可循。實踐得愈多，經驗來得就愈快，我們汲取的經驗也就越多。要取得成功，唯有堅持不懈地努力。

委託他人去做，自己不親力而為，往往是失敗的根本原因。與憑藉運氣或接受鉅額財產得到的成功相比，親自去做而獲得的成功，其價值更彌足珍貴、經久長遠。我們

第四章　汲取經驗

的自信並非來自於外部世界,而是源於我們的內心。在樹立信心的過程中,健康的身體和理智的頭腦都十分重要。在與他人競爭時,年輕人如果明白這些事實,並以此為契機,規劃他們的職業生涯,那麼,他們的起點就比其他人更高一些,也更具有優勢。有些人不了解經驗的價值,導致他們一直處在貧困和失敗的境地。擔心、焦慮、恐懼以及缺乏對人性的洞察力,這些都是經驗匱乏所引發的惡果。同時,健康的身體是獲得經驗的必要特質,可惜的是大多數人都忽略了這一點。

如果我們能受益於所學的知識,將身體內蘊藏的活力激發出來,我們就在邁向成功的道路上邁出了堅實的一步。以往累積的經驗告訴我們應該做什麼,為我們拓寬道路,讓我們輕裝前進。人的大腦具有無限的潛能,而唯有經驗能在行動中催生這種潛能。我們常常聽到那些慈愛的母親說:「這個孩子活力十足、精力旺盛。」但是,只有有經驗的人,才能發現精力充沛的好處。如果沒有經驗,旺盛的精力就變成了危險的東西,這就好比一枚活生生的「定時炸彈」,隨時會危及我們的生命。我們應該給予這些沒有經驗的年輕人謹慎地保護,並建議他們忙碌起來,早點做些有意義的事情。

許多聰明並且精力充沛的人，因為被所從事的職業困住了手腳，無法施展自身的活力，而像待宰的羔羊一樣被捲入惡習的洪流中。一旦在工作中找不到發洩的管道，他們只能在酒吧裡喝得酩酊大醉。與之相反，精力充沛的人可以做任何事情，接受各種訓練，從一開始就接受指導，並且能夠一直堅持下去。因此，這種人可以承擔更多的工作，能輕鬆地完成任務。這一個說法聽起來似乎很牽強，但如果我們認為他們有能力，他們就一定能夠辦到。畢竟只有面對現實並隨時汲取經驗教訓的人，才能把握機會。在分析挫折並探究原因後，他們的能力就能夠成倍成長，顯著提高。如果年輕人善於歸納經驗，那麼他們將會像年長者那樣睿智，為人生累積大量財富。人生中遇到的重大經歷，往往是那些成就我們、或暫時毀掉我們的經歷。對於那些重要的人生經歷，我們要謹慎地對待。雖然我們可以優雅地承受打擊與挫折，但意志一定要堅強，要勇於面對困境。挫折只是暫時的，並不意味著那將是我們最後的機會，而且永遠都不是！

當歷經挫折、從頭再來之時，我們等待的時間將非常短暫。我們要調整好心態，有條不紊地走下去，因為汲取的經驗教訓不允許我們步伐錯亂。如果結果一塌糊塗，我

第四章　汲取經驗

　　們應該承擔起責任，重新投入到工作當中。即使事情不盡如人意，只要我們付出過，就一定會有所收穫。受挫只是暫時的，最終我們將獲得勝利。這正是我所想說的，經由汲取經驗教訓來走向成功的真正涵義。

　　從哪裡跌倒，就從哪裡爬起來。汽車修理工人充分地利用電流為人類造福，與此同時，他們也會因為不小心觸電而導致悲劇發生。他們經過多年的認真學習，對於電的運用原理非常熟悉，就像使用英文字母一樣運用自如。毋庸置疑，他們是經由經驗學習到了成功的元素。他們進入汽車修理產業，從公司基層往上爬，在這一段過程中，除了累積經驗，沒有其他途徑能讓他把這一股力量轉變成為訓練有素的能力。但是，對一般人來說，他們對電力的了解非常少，因為他們沒有經驗。對電力知識的無知，常常會導致一些令人扼腕的悲劇。唯一能改變這一些悲劇的方法，就是汲取經驗。當經驗足夠時，如果有膽量、理性和做事的意願，那麼他就能一步一步向目標靠近。

第五章

活力、成功和微笑

第五章　活力、成功和微笑

　　成功需要具備很多因素，其中有一項十分重要，如果缺少了它，所有的一切就沒有任何意義。成功者總是激勵自己完成工作，盡他們的能力完成任務。雖然他們可能不知道這一份任務的結局到底是什麼，但他們知道只要自己堅持做下去，就能完成在別人看來完全不可能的事情。這種信念一旦樹立起來就是堅不可摧、不可戰勝的。這就是我們常說的精力，也就是心靈的活力，它決定著我們的身體狀況。

　　但是，這一切又從何而來呢？偉人是如何找到自我鞭策、使人前進的方法呢？答案就是他們擁有與生俱來的健康身體。關注自己的身體能使奮鬥的信念更堅定。如果您仔細閱讀過前面的章節，就很容易理解這一點。成功的年輕人，必須體格健壯、健康，並有著純潔的心靈。

　　在激烈競爭的世界裡，應該如何奮鬥以獲取成功呢？很多人對這個問題不知道該如何回答。幸好，現在人們已經開始意識到這個問題的重要性，知道這是我們必須要面對和解決的問題。一個健康的身體總是精力充沛、活力十足的，然而，和其他任何生命力一樣，這種活力也必須被引導，必須得到控制。充沛的精力不僅是人們獲得勝利不可或缺的主要條件，還會內化為人的內在素養。如果不珍

惜,它也會隨著時光一併流逝。有的人常年不鍛鍊身體,只想一夜之間變得健壯,這簡直是天方夜譚,最終只會讓他精疲力竭。所有人都擁有活力,只是擁有的方式不同。命運就掌握在我們自己手中,對於大自然賦予我們的這一項珍寶,我們要愛護它、善用它,而不是任其隨意消逝。

每個人都有活力,可是為什麼只有少數人成功了呢?從某種意義上來說,每個人都具備成為成功者的潛力,但這並不意味著我們都會走向成功。我們不禁會想,為什麼有人成功,有人失敗呢?這句話並不是指每個人都渴望金錢、權力和地位,也並不意味著我們都是自私自利的。相反地,每個人都具備成功者的潛力只是證明我們的大腦如出一轍,毫無差異。但是要獲得成功,我們還必須具備足夠的活力。

正確地做事,其本身就能促進我們事業上的成功。現在,如果我們沒有過度偏離正確的軌道,那麼讓我們在結束內心的混亂和衝突之後,剖析自我,承認活力的存在,並珍視它們吧。活力就像蒸汽,在達到沸點之前,無法釋放出能量,換句話說,三心二意的人永遠不會擁有活力,也不會用其解決生活中的實際問題。

我們必須要充滿活力,以期獲得更多精力。與此同

第五章　活力、成功和微笑

　　時,我們也必須擁有信心。信心越足,人就越快樂;自信越多,活力就越多。有人天生就充滿信心,在失敗到來之前就能「審視自己」,充分領會生命的真諦。當然,這樣的人是十分幸運的。他們獲得成功易如反掌,就像每天翻閱日曆一樣簡單容易。哪怕危機四伏、烏雲密布,失敗像颶風一樣席捲而來,他們也會信心百倍、情緒高昂、內心平靜、不懼挫折,微笑著、從容地應對一切,踏實地工作。

　　這些並不意味著成功需要具備特殊的能力,如果果真如此,每個人都認為自己不具備成功者的潛力,那我們就沒有必要浪費時間討論這個問題了。利用自身活力,豐富自我的生活,是一件非常簡單的事情,無論弱者,還是強者,他們都具備這個特質。只有當我們全心投入到工作中,活力才能更加旺盛。在日常生活中,我們要時常與大自然零距離接觸,到野外宿營,參加體育運動,健康、自信地生活,這樣能使得我們心情愉悅,從而加速成功的步伐。這些都是明智的生活方式。

　　生活中的一切要素都類似於人類的情感,我們不應該剛愎自用、唯我獨尊。可能會有人問,這與活力有什麼關係?事實上,活力能夠讓我們展望未來,學會如何笑看人生。如果不會微笑,我們將永遠學不會如何生活。活力可

以有很多用途。如上文所說，電可能被濫用，同樣地，活力也可能被誤用。因此，我們要利用一切機會激發活力，認真工作，熱情待客，開心生活。與此同時，投身生活的戰役，實踐自己的標準。

我們必須要主動出擊，積極、樂觀地生活，而不是尾隨他人。讓我們盡情地揮灑熱情，到那時，你會驚訝於生命力的頑強，強烈的需求將會迸發更多的活力，而活力又會引發更大的熱情。現在的問題是，我們要如何控制及保持新鮮的活力？身體裡孕育著熱情，就像在操控一臺蒸汽機一樣，我們需要小心地保持火焰與溫度的參數。我們如同工程師一般，隨時控制著油門，眼睛始終無所畏懼地凝視著前方，將一切掌控在自己的手中。

我們的頭腦發達且富有理性，覺醒之火在我們內心深處熊熊燃燒，就像船上值夜的哨兵一般，日日夜夜守候著我們。事實上，我們正行走在成功的路上！

當然，還有一點不能忽略，我們在年輕時就要開始培養和保護我們笑的能力。保持微笑，會讓我們充滿熱情和活力，令生活輕鬆暢快。經常開懷大笑，會讓我們更加熱愛生活。

時常出去透透氣，到大自然中呼吸一下新鮮空氣，像

第五章　活力、成功和微笑

學校裡的男孩們一樣運動，跑步、跳躍、跨越欄杆、搖擺身體。如果你覺得這個觀點是正確的，並勇於接受，那麼你的人生會因此而變得輕鬆、愉悅。讓我們從心靈深處挖掘、培養這個習慣，並讓微笑成為你的天性。早上起床時，讓我們哈哈大笑地開始一天的生活；晚上睡覺時，讓我們微笑著進入夢鄉。如果你想要身體健康，那就請笑吧，笑著面對一切，笑著生活。朋友們，我確定你一定能做到，因為這是獲得幸福生活、走向成功的真正祕密！如果像一名虔誠的信徒信奉自己的信仰那般去遵循這個原則，我們就會驚奇地發現，我們的人生是那麼的美滿，生活是那麼的美好。大笑吧！在樂觀的精神面前，一切困難、挫折都會被折服。

第六章

確立個性

第六章　確立個性

隨著社會的發展，個性已成為個人越來越重要的特質和能力。過去，「個性」這個概念並沒有像現在這麼重要，其涵義也沒有現在這麼豐富。在父執輩的那個時代，人們用很多詞語來形容這個特質，比如「雄辯者」、「大人物」、「傑出的人」、「紳士行為」等等。直到我們這個年代，這個特質才有了更為合適的概括，那就是個性。其含義是個人素養、性格、特徵以及行為等因素的最佳組合，這是最廣泛意義上的定義。當然，每個人都有一定的個性特徵。無論一個人的特質如何，個性都是最有價值的展現。

個性就好比一粒種子，如果條件允許，它會長成一株參天巨樹。個性是人們內心世界的外在表現。如果人們能克服人性的弱點，以個性的力量影響他人，就會像潤物無聲的春雨一樣，滋潤人心。有個性的人，做人、做事都會堅守一定的行為準則，他們會平靜地面對生活中的風風雨雨。然而，有些人根本沒有意識到個性的存在，但卻奢望像那些成功的人一樣具備這個特質，這簡直就是痴人說夢。

每個人都應該有個性，不論這個人是身材矮小、體格羸弱，還是身材魁梧、身強身壯。偉大的拿破崙一世（Napoleon）身高不過 5 英呎，而亞伯拉罕·林肯（Abraham

Lincoln）也只有 6 英呎，但他們都是那個時代的巨人。富有個性的人永遠不會輕言失敗，他們的意志堅定，他們的鬥志旺盛，他們總是在想著不斷地超越自己。經由下面這些軼事，我們可以看出偉人們精神力量的偉大：教宗亞歷山大六世（Pope Alexander VI）臨終前依舊筆耕不輟；馬克‧吐溫（Mark Twain）曾與朋友開玩笑說，只有在寫作時，他才知道自己還活著；聖女貞德（Joan of Arc）是一名身形單薄的女人，而她率領的軍隊卻所向披靡。歷史充滿了無數傳奇，偉大的將軍善用個性的魅力，帶領士兵轉敗為勝，扭轉乾坤。個性具有無窮的魅力，它能夠為你贏得朋友，即使是宿敵也會為之震撼。

個性是人們身體、心理和精神自我發展的結果。但是，並非所有的個性都是健康的，內心齷齪的人的臉上，也能浮現出個性的影子。因此，並非所有的個性都是有益於社會的。在這裡，我們所提及的個性是健康的、神聖的個性，是在市場上買不到的，是無價的。如果一個人的內心沒有真誠的信念，那麼他的個性是不完善的。個性由許多特質組成，但組成成分卻因人而異。完美的個性在其發展過程中需要長期呵護，確保它的安全。

個性必須要一點一滴培養，我們的身體、心理、精

第六章　確立個性

神，我們所擁有的一切都是它的組成部分。事實上，個性只有經過人生的充分累積才會完美。如果忽視身體的健康，那麼心理也會失衡，精神上也會如此，個性就無從展現，這就是個性需要不斷地被保護使其不受侵犯的原因。唯有憑藉堅強的意志和周密的計畫，個性才得以保全。一旦我們擁有它，我們就必須使之成為自身的一部分，擁有它直至生命的終點。我們絕不允許自己滿足於不完美的個性，也不希望聽到別人說「他是正確的，但很遺憾……」這樣的話。

也許有問題的個性也是各式各樣的，像有些人走路拖沓，或者行為舉止傲慢無禮，這種病態個性都得摒棄。有個性的人總是坦然和輕鬆的，絕不會因為別人的嘲諷而憂慮或緊張。有時候，有一些人改變自己說話的方式，使自己看起來優於其他實力較弱的同事，但同時又認為別人培養出的優秀特質是佯裝的，這種所謂的個性是有問題的，是傲慢而不是個性。人們都可以經由艱苦的努力，培養自己的個性。如果他有雄心，並堅持不懈，一定能成功。林肯就是一個最典型的例子，他從一名普通的鐵軌道岔工人，成長為出色的領袖。對於這樣的人，如果他們倒在路邊，也不會有人妄加評論，因為在早期奮鬥的歲月中，這

是經常發生的。

　　個性並不意味著過分精緻的生活，但卻需具備健全的特質。過度精緻會導致生活懶散，甚至讓人墮落。過分傲慢是墮落的開始，還有可能傳染給他人。在這些特質中，我們必須取其精華、去其糟粕，對於好的特質要保持下去，對於不好的特質我們要隨時保持警惕。同時，我們還要避免將嚴謹的理性原則變成枯燥的說教。我們需要的是沿著前進道路上的指示，尋找適合我們的個性目標。首先，我們需要健康的身體和堅強的意志；其次，我們必須把個性用在正確的方向上。

　　任何成功都需要保持平衡、愉悅的心情。我們不能忽視這一點，因為它有助於我們提高做事的效率。如果方法正確，做些簡單的練習就會讓我們獲益匪淺，例如：俯身拾起掉在地上的針，用支架矯正變形的身體，抬起下巴以防止駝背等等。其實，我們每天都在接觸各種環境，系統性的運動會使一天的工作充滿熱情和活力，對身體的關注也會讓我們更加健康並活力四射。個性精緻的人不會蓬頭垢面地走在大街上，因為這樣的事情會讓他們感覺失衡。我們要保持健康的身體，多運動，充滿活力，在個性發展的路上越走越遠。

第六章　確立個性

第七章

誠實 —— 性格基石

第七章　誠實—性格基石

眾所周知，兩點之間最短的距離是直線。同樣地，在人際交往中，人與人之間最佳的溝通方式就是誠實。沒有誠實，就沒有彼此的理解。誠實作為人們的優秀特質之一，歷來為人們所看重。沒有誠實，性格就會變得虛無縹緲、膚淺蒼白。對於性格的組成而言，誠實待人是必要的，就如同地基對房子一樣重要。

誠實來自於內心深處，誠實源於勇敢地正視自己的缺點。它讓審視自己、笑看人生的人享受歷盡艱險後勝利的甜美。誠實和自尊相伴而生，因此，誠實應該成為我們早期教育的一部分。除了我們自身，沒有任何環境可以培養誠實的性格，也不會有人將它拱手獻給我們。如果在年輕時沒有發現它，那麼日後擁有誠實這個特質的機率則少之又少，幾乎為零。

誠實位於品行的首位。除了它之外，沒有任何特質能夠證明我們有能力思考並公正地處理事情。擁有誠實比擁有其他財富更重要，因為它帶來的是幸福和滿足。從完整意義上來說，活著就意味著要誠實待人。只要我們活著，就可以告訴任何人這個道理，並且這樣做永遠都不會錯。

無論我們追求的道德境界有多高，我們都必須對抗誘惑，沒有任何妥協和商量的餘地。自我欺騙只是蒙蔽自己，

到頭來被愚弄的還是自己。不久,你就會發現自己已經滾落到山腳下,想爬回原地是難上加難。誠實不會從沉悶、平庸的生活中自然生長,正好相反,它與積極、堅強的生活方式並行。

誠實會讓人擁有摯友,這些人會因為他的誠實而原諒他的其他缺點。誠實會為他贏得老闆的完全信任,以及身邊朋友的欽佩。如果那些庸者和弱者也能做到誠實,那麼誠實是偉人特有的品格就毫無意義了。比如,我們知道,獨立戰爭後,美國選舉總統時,美國人自發地將選票投給喬治・華盛頓(George Washington)將軍。因為華盛頓將軍是個天才,也可能是世界上最偉大的艦長之一。他有一項令國民擁戴他的特質,那就是道德上的優勢,全世界皆知「他從不撒謊」。總而言之,他的美德成就了這五個字。有一些政治家可能更精明,但華盛頓是誠實的,他從不撒謊。美國人知道他們可以信任這個人,因此選他當總統。由此可知,對自己誠實是我們首先要銘記在心的事情。

只有我們自己是誠實的,才能了解誠實之人在精神上是如何得到滿足的。如果對自己都不真實,我們又怎能對他人真實?人的道德標準必須是誠實的標準。誠實必須成為人的本性,自發而為。誠實屬於健康的人,他們經由適

第七章　誠實—性格基石

度運動和節制生活來保持健康。誠實也不是少數幸運兒特有的品格，在一定程度上，男人、女人和兒童都擁有它，只是對其重要性的理解各有不同罷了。誠實是生活的基本要素之一，是統治社會的強大力量之一。我們或者誠實，或者不誠實，不能介於兩者之間。當人們停下來思考時，即使時間再短，誠實的重要性也能得到充分的展現。如果面對不誠實的朋友，我們能對他全盤道出自己的祕密嗎？能信任他嗎？能相信一個隨時可能背叛我們的人嗎？再者，因為我們對自己不誠實，導致別人不將我們視為同伴，那能怪罪別人嗎？從古至今莫不如此，欲先取之，必先予之。只有你真誠地對待別人，別人才會對你以誠相待。

　　生活中，我們必須未雨綢繆。人們越來越習慣於多年傳承下來的規矩。而如今這些規矩成了道德規定，控制和引導著整個民族、整個時代的命運和發展。這些規定的存在有其充分的理由，否則它絕不可能傳承至今，因為社會不會保留那些不必要的規定。但在這些重要的原則中，誠實始終占據著顯著的位置。每個人都要對自己誠實，這個觀念早已深深植根於人類的頭腦之中。相比之下，不誠實的人很自然地會對每一個人虛假，這一點也是顯而易見的。如果社會成員之間沒有互相信任，那麼社會就難以進

步。如果將軍不信任下屬,那將導致戰場上的危機,同時將軍的日子也會很煎熬。如果明知某些人是不誠實的,還執意在他們當中挑選領袖,那麼社會將自行滅亡。

社會的崛起在於人們的相互信任、相互幫助。沒有他們的合作,我們的努力將徒勞無功。在背離社會公認的標準和尺度的情況下,我們無法孤身贏得勝利。也許,我們會因為自己一時走運,就認為自己有了免疫力,從而欺騙自己。但是,總有一天,良知會告訴我們,曾經所獲得的成功是多麼的蒼白無力。唯有一個辦法能讓成功長久,那就是誠實和樂觀。我們無需掩蓋自己的美德,個人誠信是對自己和同伴的誠實。與他人相比,誠實的人鶴立雞群,他們爽朗的笑聲就是最好的表現之一。充滿理想的人不會認為生活是黯淡無光的,同樣地,誠實的人會辛勤工作,不求回報。事實上,這個世界上有很多誠實的人與我們為伍,這足以帶給我們足夠的勇氣,讓我們在前進的路上奮勇向前。天生誠實的人常常會開懷大笑,因為他們不懼怕命運的陷阱。他們知道自己能贏得人們的信任,也知道自己已經擁有了人們的信任。這樣的人從不懼怕正視同伴的眼睛,他們知道他們在生活中的位置是透過奮鬥爭取到的,他們也不打算失去這一塊陣地。他們從來不去想失

第七章　誠實—性格基石

敗,無論眼前還是以後的事情會怎樣發展,他們都會在前進的浪潮中尋找到新的契機、新的機會,誠實的美名就像先行者一樣在前面替他們打先鋒,任何團體都歡迎他們的到來。

只有真實、真誠的人才有能力獲得成功。從更廣泛的意義上來說,社會領袖是那些能夠贏得大眾信任的人。我們尊敬林肯,那是因為我們知道他是上百萬人中唯一能完成人類所面臨的最大任務的偉人。同時,我們也知道他是誠實的,在更大的意義上來說,誠實對於成就偉大的理想是非常必要的。為了贏得信任,我們必須遵守誠實和禮貌的準則。這些準則平時潛藏在人們心中,只有被呼喚到生活和行動中時它們才能得到應用。

想要知道笑聲是否發自肺腑,這非常容易。因為真正的笑發自於人的內心,帶給人一種安全和信任的感覺。每天清晨,工人們微笑著相約去工廠;士兵們滿臉笑容,信心百倍地投入戰鬥;睡醒的病人睜開雙眼,笑聲傳遍整個病房……笑為人們開創了一個從未企及的境界,它能夠證明人們的精神狀態良好,同時也展現了只有誠信為本,才能笑聲不斷。

如果只有內在誠實而沒有外在表現，那麼任何性格都將不復存在。養成笑的習慣，最終能使人變得誠實。事實上，當你笑的時候，你是在享受生活。因為笑能喚醒你的安全感，讓你深切體會到生活的喜悅。與此相反的是，悲觀的人總是傾向於犯罪，容易招惹麻煩。相比之下，愛笑的人能用新的欲望攪動世界，重新煥發出生命的活力。

第七章　誠實—性格基石

第八章
身心潔淨

第八章　身心潔淨

環顧周圍，有許多失敗的人。從他們身上我們會發現，絕大多數失敗者都是因為思想上的疏忽，而未能走出惡劣的環境，或者是因為他們的雄心壯志已經退化、變質，不能應付那些令人沮喪的情況。監獄和其他管教機構都擠滿了人，這裡面的人沒有試圖擺脫惡劣的居住環境的要求，否則，結果就不會是這樣的。這些人就像未成年的小蝌蚪，因為沒有腿而無法跳到岸上或離開，只能在泥濘的水池裡游來游去，始終待在一成不變的環境裡，直到死去。

換句話說，失敗就是一個人終日居住在泥濘的環境裡，滿足於自己是小蝌蚪，而不去嘗試其他機會。同時，他會因此變得很邋遢。在這裡，我們要提到我們這一章的主題──保持身心潔淨，這種說法並不是要我們用正確的方式洗臉或洗手，而是向自己證明，只有身體潔淨，心靈才會潔淨，二者相輔相成，構成健全潔淨的人。我們在這方面向前邁出的任何一步，都會擺脫「池塘」生活的桎梏。

無論出於什麼原因研究身心潔淨，並用以解釋成功，我們都不能忽視一個最重要的因素──如何選擇朋友。但是，這並不意味著一個人必須成為勢利眼，而只是說懷抱夢想的成功人士，不該與那些沒有雄心壯志、沒有服務意願的人為伍。人生是短暫的，我們不應該到處閒逛，喝著

小酒,聽著他人對失敗的抱怨,卻嫉妒他人經由辛苦工作所收穫的豐盛果實。

結交朋友時,我們要保持頭腦清醒,盡量遠離那些整天做白日夢卻從不付出的人,警惕那些只會想著獲取一己私利的人。我們應盡一切力量去結交志同道合、身心潔淨的朋友。我們必須牢記,生活在乾淨的思想裡,將激勵出自身的雄心壯志。住在陰暗角落,踏著廢墟前行是不會激發活力的,也不會帶來任何希望。然而,這些活力和希望卻是成就偉大事業的必備要素。

我們應該幫助那些需要幫助的人,與那些給予我們活力和勇氣的人打交道。只有這樣,我們才不會被同伴所拖累。但是,一旦他們遇到合適的同行者,我們就不再被需要,那時我們應該全身而退,不要鬱悶、悲觀,因為這充分顯示,在這一刻他們還不能成為我們真正的朋友。當我們已經成功時,他們會不請自來。曾經有一位哲人說「一事成,百事順」,意思就是伴隨成功而來的思想和勇氣會引發越來越多的成功。這是一種可傳遞的熱情,一旦擁有它,熱情就會迅速滲透到我們的血液中,像充電一般,日復一日、年復一年地激起更多的熱情。當這些想法占據我們的內心,它將與我們融化在一起。隨之而來的成功會帶

第八章　身心潔淨

動死氣沉沉的四肢，並激勵我們按照我們的願望去做事。當我們身居潔淨的世界時，會擁有健康的身體、愉悅的身心，最後一定會克服障礙，贏得勝利。

身心潔淨能鼓舞全身的士氣。衣著整潔、充滿活力的人不容易悲觀和鬱悶，他們會大步前行，充滿熱情，頭腦也會潔淨清朗，眼中也會充滿對勝利的渴望。他們的本性中會隨時流露出真誠，絲毫不見虛偽的身影。他們的性格或許會有一些弱點，但他們身上流露出的特殊力量，充分證明他們有能力克服這些弱點，並使之成為他們的奴隸。

身心健康、穿著舒適得體的人能夠提前贏得戰役的勝利。

因為他們知道保持整潔的價值，懂得尊重自己。同時，人們對他外表的認同也會不言而喻。如果人們贊同他的外表，對他的行為也會贊同。這樣的人做事永遠不會做得很過分，他們自己感覺很舒適，並把這種舒適傳遞給和他們接觸的人。換言之，他們有自己的獨特之處，就在於他們擁有的力量。他們知道，人性中最高級的道德規則在於身心潔淨，汙穢不能主導人的道德和身體狀況。他們的魅力來自於他們的行為，並能讓世界為之一驚。在生活中，我們接近他們、了解他們，並與之合作，這一項事實

就是鐵證。我們需要身心潔淨地度過自己的一生。

對於我們而言，沒有什麼比失去雄心壯志、養成粗心馬虎的習慣更迅速的了。我們無法掩飾這個現象，如果試圖去掩飾，也只能是自欺欺人。自尊的缺失對於整個身體系統都會產生可怕的影響，每一個走向成功的趨勢，都會因此變慢或減弱，那就意味著我們已經走上了一條不潔淨的道路！

不久以後，我們就會墮落，或者隱身在既沒有勇氣倒下、也沒有勇氣站起來的人群中。沒有什麼失敗比身心遭受汙染來得更快的了。然而，成功的人們會徹底遠離這些狀況。他們盡可能悠閒地生活在陽光下，早晚運動、讀書，密切地關注世界上思想和藝術的最新發展。他們的面孔是開放的，充滿陽光。因為他們堅信，一場比賽的失敗，不會影響生活。他們有生活的目標和能力，會去努力嘗試哪怕一丁點的機會。潔淨，對成功而言極其重要。對成功者來說，沒有什麼比它更重要的了。將軍所期待的士氣，往往展現在士兵們三角帽徽的潔淨程度上。因為他知道，如果士兵身心潔淨，就會無往不勝。

如果潔淨對他們來說是本能，那為什麼不發生在我們身上呢？分析我們自身，會發現身體就像是某種偉大的系

第八章　身心潔淨

統,有大腦、心臟、肺、胃、神經和肌肉,每一個部門都各自運作,又與其他器官相連。整個系統圍繞著身體最高的機構——大腦——運轉著。如果這個最高機構保持潔淨、美好,那麼尾隨其後的部分豈不是自然而然就潔淨了?當我們理解這一點後,唯一可以做的就是在潔淨美好的世界裡,為實現理想的生活而做些努力。身體系統是最好的工具之一,因為它的存在,人們才可以讓生活變得更有價值。身體和大腦都必須在系統內運轉。胃不能承載不必要的食物,肺不能呼吸汙染的空氣,神經不能消磨在混亂和荒謬的生活中,肌肉必須適當的鍛鍊以維持協調。我們必須了解身體系統的需求,確保供應充沛。跟現在活著的人相比,富蘭克林・德拉諾・羅斯福(Franklin Delano Roosevelt)總統所具備的活力也許更強大。他一直強調身心潔淨的重要性。因為他的成就卓越,他更有能力強調這個重要因素。他直言不諱,所說的話眾所周知。然而,只有懂得他話語價值的人,才會感同身受。童年時代,他就規劃了自己的生活:每天進行必要的體育運動;經由學習來豐富大腦;從他人失敗的教訓中獲得勝利的經驗;經由上天善良的安排,與健康的、真正的成功人士溝通,不斷地汲取經驗,豐富自身的知識。他執著而又潔淨。結果怎

麼樣呢？他抵達了人類奮鬥的頂峰，沒有更高的榮譽可以授予他。在生活中，我們沒有必要都成為美國總統，但可以經由模仿，從那些身心健康、閃亮的例子中吸收養分。

清晨，有人會在冷水中冬泳，同樣地，我們也應該定期參加這樣的運動，融入到這一群人之中，他們用自身的熱情試圖讓世界變得更美好。也正是這樣一群人，他們昂首挺胸、心地無私地投入到奮鬥中。雖然他們專心做大事，但我們可以緊隨其後，當我們需要幫助時，他們會向我們伸出友好之手。他們只需要確定我們的勇氣是否與我們的雄心壯志相匹配，我們的家庭生活是否井然有序。因此，讓我們帶著所有的美好前行，保持身心潔淨，在前進時還不要忘記放聲大笑。

第八章　身心潔淨

第九章

體諒他人

第九章　體諒他人

我們知道，體諒他人是人與人交往過程中的崇高境界。我們播下的每一粒善良的種子，都會在我們的心靈花園盛開。善良之人不會帶給人虛偽與施捨的感覺，他們只有真誠和善意。在那些高尚的人眼中，體諒他人是一件再正常不過的事情，就跟吃飯、睡覺一樣自然。因為對他們而言，生活本身就應該那樣。仁慈是有教養的外在表現，也是人性的昇華。

如果沒有人願意伸出援助之手與我們同甘共苦，發出友善的邀請，那麼我們真的就不知道在這個世界上還有什麼成功可言。回味我們的成長經歷，會發現朋友和家人給予我們的愛是多麼的深刻，而我們卻沒有及時地感激和回報。但是，我們仍然深信，在生活的戰役中，不管發生什麼情況，在前進的道路上都會有人為我們歡呼加油。雖然有些時候我們很堅強、很自立，但是我們仍需要朋友和家人的支持與陪伴。如果沒有他人的幫助，社會將化為塵土；如果不去體諒他人，家便淪為沒有任何意義的住所。體諒他人是人類仁慈的甘泉，它使得乏味的苦役變得愉快而健康。為他人服務時，我們不應該索要回報，因為回報就是行為本身，高尚又無私。

在人們眼中，那些體諒他人的慈善行為充滿了光輝，

拯救了很多弱者。他們達到了偉大的至高境界，並且他們擁有智慧，明白自己應該做什麼，在幫助他人的同時也讓自己獲得快樂。

體諒他人會讓我們收穫很多。它是一種美德，有助於獲得真正的友誼和恆久的感情。在教會他人堅毅的同時，他們自己也學會了執著。他們帶給我們很深的印象，已經進入我們的大腦中樞，在我們需要指導時，會在正確的時間給予我們意見，供我們參考；在我們需要安慰時，會提供堅實的臂膀讓我們依靠。

體諒他人是人的一種內在品格。與其他所有的事情一樣，這種品格可以隨著我們自身意識的加強而強化或改變。在孩提時代就應該教導孩子們體諒他人的意識，這是一個成長歷程，越早越好。因為，孩子四歲到五歲的階段，是最容易受到影響的年齡階段。在此期間，要教會孩子注意生活中的細節，比如：輕輕關門；在媽媽睡覺時，走路要輕聲，以免把她吵醒；要保持乾淨整潔等。這些都是美德，所有的這一切都是體諒他人的一部分。很多人都有為他人服務的願望，但往往因膽怯而止步不前。生活中，隨處可見這樣的例子：路邊有人非常痛苦，但我們因為膽怯而未能伸出援助之手；有一個我們都認識的人，貧

第九章　體諒他人

困潦倒但又心高氣傲,不願尋求援助,當我們經過他身邊時,想幫助他卻又擔心冒犯此人,結果就轉身而去。我們碰到過多少這樣的情況?如果這些人能放下自尊,與我們溝通的話,在關鍵時刻,我們肯定願意提供他們任何幫助。但是,除了我們最好的朋友以外,誰又能了解我們的心境呢?

一定要做正確的事,這個觀點非常好。幫助他人本來就是正確的行動,我們應該付諸執行。年少時,我們應奠定為他人做事的意願。每當我們開始遵循更高的準則去幫助他人時,我們經常延遲動身的時間,這就表示我們的決心在減弱,也許最終會無果而終。隨著時間的推移,我們會發現所做的全部事情就是袖手旁觀。我們曾經美好的願望已經悄然消失。也許我們會認為自己的初衷是好的,但是由於缺乏勇氣,最終未能付出實際行動。隨之而來的沮喪,在我們的心中蒙上了一層陰影,會纏繞我們很長的時間,揮之不去,只是因為我們未能用實際行動去幫助他人。然而,真正笑對人生的人對於這些問題是毫不在乎的,他們快樂而又清醒,對自己充滿信心,總是瞄準機會勇敢地幫助那些真正需要幫助的人。即使不這樣做,他也會透過共同的朋友找到需要幫助的人,給予他人幫助。他

們從不炫耀自己的善良,以幫助老朋友為自己最大的快樂。他們認為,體諒他人能實現自己更高的理想,其中蘊含了對生命的價值和意義的理解。體諒他人不一定只從做大事中展現,恰恰相反,它是由不計其數的小事和想法組成的,它會讓人們變得更加善良,擁有更多的朋友。

細心體貼的人隨時準備著在正確的時間做正確的事情,用自己的光芒照亮世界。也許,起初或者連續好幾次,我們都沒有注意到他們,但是過不了多久,我們就能理解到他們的存在對我們來說到底意味著什麼,就能體會到他們的堅持,於是尊重他們。像他們那樣的人總是簡單而清楚的,永遠不會忙於斟酌詞語,也不會找藉口暴跳如雷。他們的腦中充滿了責任和義務,做事時井然有序。有一句俗語特別能夠用來描寫他們:「如果你想做什麼,就找一個大忙人幫忙。」一個人越忙碌,似乎就越有時間幫助他人。換一種說法,體諒他人就是為他人服務。在他人需要時,給予他們幫助;在他人勞累一天之後,給予他們安慰。做這些事情帶給人的自我滿足感,是做其他任何事情都無法比擬的。

一個慷慨之人,即使在爬山的路上,也會想著幫助別人。在他們眼裡,為別人做得越多,自己得到的就越多,

第九章　體諒他人

　　就會變得越堅強,在社會上的影響力就越大。幫助他人未必有利可圖,但會為他們自己帶來幸福。這種行為不看重報酬,只在乎意義,我們只需學習如何釋放自己的影響力就可以了。那麼,讓我們從身邊點滴做起。在路邊、辦公室,或其他生活領域,動手為他人做事。當然,在做這些事情的時候,我們一定要保持微笑,盡情地享受生活。

　　日積月累,我們的善舉加在一起就成了生活帳戶裡的龐大資產。我們經由為他人做事開始每一天,經由幫助他人度過幸福的一天。即使是一個微笑、一次揮手,也可以達到這樣的功效,別人也會因此記住我們。人們常說建議是廉價的,因為那是免費的。但是,合適的建議卻是罕見的。為了提出合適的建議,我們必須了解對方。如果認為他所說的話有價值,在認真考慮他的情況之前,我們必須確保他會採納建議,確保他是樂意的。當我們提出諮詢的建議後,就以友善、幽默的方式送他走遠。在他出門時,還不忘友好地拍一拍他的後背,鼓舞一下他的決心,為他加油,祝福他成功。這樣,我們才算真正地幫助了他。他需要同情和勇氣,也需要樂觀的精神,正是因為如此,他才到此請求幫助和意見。我們不應讓他輕易走開,應給予他我們認為合適的意見和建議。

體諒他人不必炫耀，也不必偽裝。我們絕不允許自己浮誇自大，對於我們給予他人的幫助也不能自誇。對於那些總是發牢騷的人，我們無需理會，社會也不會為他們提供幫助。當用盡所有助人的方法後，我們必須把依舊牢騷滿腹的人放走。因為，我們需要保持清晰的思路和視野。

體諒他人是人性的昇華。在日常生活中，我們要盡量為他人著想，想他人所想，急他人所急。同時，體諒他人會帶來對方的感激和善意的微笑，在某種意義上來說，體諒他人是靈魂與肉體的結合。恐嚇、打罵、易怒等等都是細菌，他們會干擾人類的仁慈、善舉，如果我們屈服於它，就會被擱淺、孤立，不再擁有真正的友誼和同伴。

第九章　體諒他人

第十章
保持民主

第十章　保持民主

　　有一點,每一個人都應該清楚:大話和浮誇從來不是成功者所應有的行為。在偉大的國家,有影響的成功人士無一例外地都有兩項特質:其中之一是樸素,這個特質使得他們最終能夠獲得成功;另外一個特質就是平易近人。

　　偉人從來不會成為細節的奴隸,也不會抽空和一般人深入交往。當然,他也不會像隱藏在深宮裡的古代國王那樣,把自己藏在高高的柵欄後面,不讓大臣、侍從、守衛緊緊跟隨著他。他會努力認識所有值得交往的人,也願意與這些人交往。他不會佯裝知道很多,也不會在合適的時間裡拒絕接見我們。

　　經由大量宣傳,強迫公眾接受自己的人,無論多麼努力想讓自己看似偉大,他也不會成為真正的大人物。這種情況在那些成功但名不副實的人身上表現得尤為明顯,展現得淋漓盡致。也許,他可能會有名人的「標籤」,但是,正如林肯所說:「你不能在所有的時候愚弄所有的人。」安德魯・卡內基(Andrew Carnegie)解釋他成功的原因時說:「我的身邊都是聰明的人。」同樣地,在那些主管大事、視野寬廣、影響深遠的人周圍,也都是聰明人,這使得他們擁有判斷力和謹慎的思路,為組織機構制定最好的決策。他們隨時都準備著與他人商議,善用那些獨具創新精神和

自我奮鬥精神的人,以空出更多的時間處理其他的事情,而不是花費大量時間去處理一般業務。這一類人在公共事務中經常成為領導者,並逐漸身居高位。當然,他們地位越高,就越會放權給他人,委託他人處理工作。跟他的大腦一樣,他的管理原則也很清晰,從來不處理瑣事和沒有價值的事。這樣的人始終讓自己的身體和大腦正常運轉,不會惱怒、亂發脾氣。精神世界的完備對於上進的人來說不可或缺,所以,他強迫自己保持開放的心胸,以便跟上新思想的潮流,絕不允許自己與外界失去連繫。

他從不允許自己的容貌看起來邋遢髒亂,他的思想之窗始終保持著簡潔、清晰。他認為,在生活的宴會中,總能結識新朋友、新面孔,談論新事情。世界總是照顧性格開朗的人,這也是明智之人一貫秉持的精神。沒有人願意接觸那些自以為是、自私自利的人。他們的固執是與生俱來的,寧可讓自己扭曲在烤箱裡,守著半生不熟的所謂的知識,也不願敞開胸懷、接納新生事物。

有人問道:「我怎樣才能見到某某先生?」答案是——不要嘗試。「他不值得學習。你不能從他那裡學到任何東西。」僅僅因為自私、排外的品行,這種人錯過了大好機會,他為自己挖了一個洞,爬進去,然後把洞門關上,與

第十章　保持民主

世隔絕。我們可以大膽地想像，這種人對待他人的情形：家人就像僕人，下屬就像奴隸。這種人可能會在小事情上成功，但在人生的重大抉擇中，我們可以肯定他一定是失敗者。如果我們有一個很好的想法，就把它拿給有遠見的大人物，那麼，他一定會放下手邊的工作，跟我們一起探討。民主是對靈魂的解放，使我們與他人緊密相連。

對於那些天生具有魅力的人來說，世界不是孤立靜止的，與這樣的人交朋友沒有任何障礙。如果我們把自己隱藏起來，不與他們接觸，那就只能怪自己缺乏判斷力。無論身居多高的職位，為我們自身考慮，也必須了解這些人的想法，不應讓自己的頭腦僵化。如果不能和他人保持日常接觸，我們很快就會變得沉悶乏味，甚至會感覺自己很無聊。

民主之人不會與自私的人為伍。因為，自私的人只會專注於自己，吹毛求疵，生性陰鬱，無可救藥。對他們而言，生活沒有任何樂趣。我們只能為他們感到難過。由於缺乏早期的訓練，他們起步時邁錯了步伐，以後也只能隨波漂流。事實上，我們之中很少有人能克服已經養成的習慣，如果能夠克服，那麼這樣的人完全可以稱之為成功者。民主是仁慈、親切的，透過它，我們能看到自己身後

的那一張臉,並找到他人存在的緣由。

相當程度上,生活取決於我們如何看待它,仁慈能讓我們正確地看待生活。仁慈的大腦具有很強的適應能力,可以形成千差萬別的思考方式。聰明的人了解自己,他們經常面帶微笑,向他人伸出真摯的雙手。他們會一直堅持,深信成功最終一定會到來。

在前行的道路上,我們必須糾正過失,否則會跌入萬丈深淵,一蹶不振。如果我們想要使生活幸福,就要做到內心平和,擁有好脾氣,並且充滿生活情趣。我相信,這是非常容易做到的,你也會一樣。

第十章　保持民主

第十一章

閱讀好書,自我教育

第十一章　閱讀好書，自我教育

　　我們會慢慢發現，一個人的藏書，能反映出這個人的性格。印刷術發明以來，每一個愛好學習的人都喜歡讀那些經典著作，因為這些書都是從眾多書籍中脫穎而出的。我們讀過林肯「吞食書本」的故事，也讀過那個年代的韋伯字典，一遍又一遍、從頭到尾、逐字逐詞地讀。我們知道，尤利西斯・格蘭特（Ulysses S. Grant）十分熱愛書籍，他從書本中汲取靈感，獲得安慰。書本成了偉大思想家們永久的朋友，他們在閱讀的過程中感受內心的熱情。「如果能將一本好書理解透徹，就能充實大腦。」這真是一個好的想法，但我們應該如何充實呢？答案很簡單，那就是閱讀值得讀的好書。只有這樣，才能豐富大腦，激勵我們的鬥志。實際生活中，人們可能會吃下某些有害的食物，同樣地，我們也很容易被無用的、無聊的資訊填滿頭腦，導致消化不良。

　　我們應儘早地培養良好的閱讀習慣，並堅持一生。當我們閱讀一本好書時，能感到、聽到、看到，並理解作者當時的心境。如果書中的內容能和我們的思考方式產生共鳴，那麼，一個嶄新的世界便呈現在我們面前，承載著我們的思想，加深我們對世界的理解。即使只是沉溺於它的枝葉中，我們也能重現作者的思想，加深我們的理解。所

以，好的書籍對我們來說是真實的，就像我們的老朋友一樣重要。漸漸地，隨著時間的流逝，它會悄無聲息地滲入我們的生活，直到成為不可或缺的一部分。

當然，能成為我們「好朋友」的書籍，一定是那些所謂的經典書籍。但那些格局雖小、卻廣為流傳的書籍，其所蘊含的豐富思想也能讓我們興趣盎然。偉大的書籍無論裝訂得多麼糟糕，排版多麼混亂，紙張多麼便宜，也都能在短時間內證明其價值，畢竟裝訂、排版、紙張等只是外在表現。

有很多好書，都值得我們學習。拉爾夫·沃爾多·愛默生（Ralph Waldo Emerson）的「散文」可以裝訂成一本書，並且非常值得擁有。在美國，沒有任何一位作家能像康科德那樣鼓舞人心。當人們拜讀他的散文時，就像呼吸新鮮空氣一樣，給人一種心曠神怡的感覺，激勵著我們，讓我們覺醒振作。在讀他的書時，每個人都能敞開心扉，展望新願景，擁抱新思想。

毫無疑問，如果沒有莎士比亞的陪伴，想要擁有健康、活躍的大腦是不可能的。堅持不懈閱讀和充分理解莎士比亞的人，不用接受任何其他教育。就像哲學家愛默生一樣，他把對世界的思考歸結為簡潔的句子，使人們在閱

第十一章　閱讀好書，自我教育

讀後思想能夠進入到一個新的領域。對於我們而言，能夠在自己的生活中學習到這些道理，是一件幸運的事。閱讀能夠強化大腦的思考能力，美好的書籍能把我們帶到無與倫比的、偉大的現實主義中，讓我們心中充滿雄心壯志。像這樣的書，應該成為人們的人生伴侶。無論我們走到哪裡，都應該把這些書帶在身邊，絕不能丟下莎士比亞大師的思想。

接觸這些思想，能夠讓我們擺脫無事可做的枯燥。對美國人來說，在有關美國人的書籍之中，羅斯福的《贏在西方》位列榜首。因為這本書不僅融入了羅斯福風趣的個性魅力，而且還展示了收回被占領國土的歷史過程，而這些場景對美國人而言，至今還歷歷在目。讀過這本書的人，無一不被先人們勇於面對危險的大無畏精神所震撼，震撼於他們的勇氣，震撼於他們的果敢，震撼於他們的絕對頑強。閱讀這本書的時候，就像是回到了過去的歲月，與先人們生活在一起，分享他們的憂愁，共享他們的熱情。如果沒有這種鼓舞，那些聚在小型圖書館靜心沉思的人是不會去讀書的。因此，在選擇書籍時，我們必須牢記，一定要選擇那些讓人深受啟迪的書。

正是那些偉大書籍擁有這種特質,當我們讀它們的時候,就像前往一個新世界,去做大事。也許這是它們的使命,令人鼓舞、使人奮進。世界上那些偉人都愛好讀書,他們不僅喜歡書籍,還能從中深受啟發。據說,拿破崙被送往聖赫勒拿時,還建議一名官員不要停止閱讀。因為在各個時期,大部分有價值的思想都被偉大的思想家保存在書中了。每一次人類為了美好生活而擺脫苦役的行動,每一段歷史,以及每一個美麗的思想都被記錄在書中。書中的思想越好,對這些事情的描寫就越多。勞累一天之後,我們可以從書架上挑選一本書,瞬間投入到另一個完全不同的世界中。

忽視閱讀的人一定會錯過開發大腦的最佳途徑。好的圖書能提供精神食糧,閱讀也能拓展我們的視野。讀完值得閱讀的書後,我們的志向會更加堅定。這是一種力量、一種動力,驅動作者撰寫書籍,更推動我們去贏得勝利。沒有這種鼓舞,我們就像在黑暗中摸索的兒童,看不到引導我們前進的燈塔。奧里森・斯維特・馬爾登(Orison Swett Marden)和埃爾伯特・哈伯德(Elbert Hubbard)寫的書籍,就是成就事業的發動機。他們把自己內心深處的感情凝聚成語言,為我們這些追隨者指出了一條道路,並帶

第十一章　閱讀好書，自我教育

給我們啟示，為我們今後的成功奠定基礎。

他們帶給我們有用的、實際的想法。如果我們僅憑自己的推理能力，永遠都不可能獲得這些想法。同時，他們把激勵人心的詞彙編寫成短語，讓其成為人們一生的箴言。人們可以從他們豐富的經驗中得出因果邏輯順序。如果沒有從他們的教導中受益，那就是對我們前途的一種罪惡，我們將沒有願景，隨之落伍。我們只會驚異地看著世界上發生著什麼，而不去關注什麼在進步。所有的一切都是因為我們沒有用適當的方式充實大腦。經由閱讀歷史小說和偉人自傳，我們可以得到快樂、學到知識。華特・史考特爵士（Sir Walter Scott）和詹姆士・菲尼莫爾・庫珀（James Fenimore Cooper）的書籍被稱為世界名著。格蘭特的自傳和其他著名的美國人的傳記都可以為讀者提供豐富的資料，充實優美的文學世界。

在美國，幾乎每一個城市都有很多圖書館。買書時，我們應確保買到最好的版本，並確保字型適當、紙張乾淨。書籍會成為我們熱情的朋友，所以，絕不能購買刪節版的書籍。相比之下，裝訂不是一個重要因素，但我們仍希望最喜歡的書能夠裝訂得美觀、時尚。

與莎士比亞、愛默生、羅斯福、史考特、庫珀、馬爾登和哈伯德一樣，每一個作家都有代表作，我們可以很容易地把書目清單擴展得更大一些。如果有人想研究偉大人物撰寫的書籍，他會發現所有的大人物都受益於讀書，讀書讓他們有機會思考。

第十一章　閱讀好書，自我教育

第十二章

身心準備

第十二章　身心準備

　　我想說明一下，本章的探討主題並不是談論體育文化，而是強調確保身體狀況良好的必要性。關於體育文化，我們可以藉助於許多相關書籍和健身教練來學習，幫助設計適合我們的鍛鍊計畫。同時，還有很多場所，比如慈善機構、俱樂部以及基督教青年會等組織，都會為那些決定透過運動來強身健體的人們提供健身房和其他各種設備。這是一個良好的開始，但接下來我們必須有屬於自己的簡單的訓練方法，才不會覺得運動是難事或苦差事。這樣才能保持最佳的狀態。

　　運動時，我們應該採用日常的方法，而不是因循守舊的教條模式。同時，運動應該是自覺自發的，而不是靠紀律的約束。在生活中，我們只需把普通的身體動作轉變成運動，就能實現這一項目標。比如，當我們坐在椅子上時，可以加入一些運動，只要稍稍地努力，我們就能形成正確的坐姿，讓身體、肩膀、下巴都處於正確的、適當的位置。

　　所有的體育運動都與體質有關。走路時，我們可以彈跳，使整個血液系統循環更好。我們可以彎腰從地面上撿起一個東西，鍛鍊一下我們腰部的肌肉。我們也可以站得離衣架遠一些拿帽子，伸展一下我們的手臂。穿衣服時也

可以用同樣的方式完成，促進身體內的血液循環。早晚起床和休息時，應養成隨時隨地進行運動的習慣。因為，晨間運動會讓我們吃早餐時胃口大開，食慾大增。同樣地，晚上休息前運動會讓人消除一天的緊張和疲勞感，進入深度睡眠。

運動結束之後，從頭到腳洗個澡是另一個保健的方法。還有一種非常有效的鍛鍊方式，就是在床上運動。早上起床時，不要一下子就跳到地板上，而是先做一些簡單的體操動作，讓身體舒展開來，這將是一種美好的感受。但是，跟任何事情一樣，過猶不及，體育運動也會走入極端。過度緊張的鍛鍊，會讓我們的肌肉僵硬，形成我們根本不需要的大肌肉塊，這種情況只在運動員身上出現就可以了。

一般人應該避免這樣的運動計畫，高強度的運動只適合那些有需要的人。我們真正需要的是擁有足夠的力量，讓我們輕鬆、高效率地度過每一天。在某種意義上來說，我們憑藉自己的智慧生活，如果不能得到體育運動的補給，我們的智力就會下降。獲獎最多的鬥士通常不是最長壽的人，職業運動員也一樣。他們的職業需要額外的強化鍛煉，而這對於普通人的生活而言並無益處。換句話說，

第十二章　身心準備

我們會因為事情做得過度而犯錯。同樣地,無節制的鍛鍊就像暴飲暴食和酗酒一樣有害健康。以前,四十歲的人看起來就已經年老體弱,而現在,六十五歲的人看起來還很年輕。因為,在現在的生活條件下,如果保持鍛鍊身體並善待自己,年過半百將不再是衰老的標記。在我們身邊就有這樣的朋友,他們總是精心安排運動計畫,隨時保持愉快的心情,所以,他們一直都精神抖擻,身體健壯。同時,他們性格樂觀、與人為善,像年輕人一樣朝氣蓬勃。在人生的早期,我們就應該知道幽默、開朗在保持身體健康方面的重大作用。在前幾章節中我們提到過,爽朗的笑聲作為最好的鍛鍊方式之一,一直被廣為稱道,沒有任何一項運動能像笑那樣能夠活躍心臟、增強肺功能。笑使血液在系統內加速流動,因此笑被稱為最好的自動血液循環器之一。

笑能減輕大腦的壓力,不論一天中有多少煩心事,只要我們微笑著處理,它們很快就能迎刃而解。曾經有個朋友問銀行家:「你怎麼決定是否把錢借給他人?」這位銀行家回答:「我看一個人的眼睛,就知道借還是不借。」這位朋友說:「我想借用一萬美元,就是現在!」「沒問題,先生。」銀行家回答。這表示,想要貸款的人,要有良好

的身體和心理的準備。如果一個人臉色陰鬱,就像掛了一塊墓碑似地走進銀行家的辦公室,那麼他永遠都不會借到那一萬美金。毋庸置疑,擁有愉悅心情的人會為他人帶來信心,而那些乾巴巴、酸溜溜的人將一無所獲。一位現代哲學家曾提出「憂鬱傷肝」的概念,毫無疑問,他是正確的。

其實,生命的一個大問題就是我們如何讓生活充滿陽光。在尋找陽光的過程中,我們經常會發現,生活中的「天使」就是那些給予我們最大幫助的人。一句溫暖鼓勵的話語,各種謙恭的行為,無私的工作,真正的友誼和愛情,發自肺腑的大笑,感激他人,認真完成分配給我們的各項任務,這些都是我們的助手,都是身體健康和精神健全的產物。透過這些,我們可以學會如何從社會菁英中找到朋友。

如果沒有不懈的努力,就想得到、擁有和保持健康的身體是不實際的。幸福只會降臨到那些懂得照顧自己的人身邊。這種感覺沒有什麼能夠比擬和超越,但同時,它也是激勵人們成功的重要因素。清晨起床後,做一些充滿活力的運動,之後沖個澡,接著準備好接受任何事情的到來。儘管窗外不一定總是陽光明媚,但他也會覺得天空是

第十二章　身心準備

　　晴朗的,世界始終是公平、公正的。因此,讓我們舞動身體,開心微笑,把希望和喜悅傳遞給所有與我們接觸的人。噢!身心健康的感覺真是棒極了!

第十三章

自我放縱與失敗

第十三章　自我放縱與失敗

我們要意識到，自我放縱意味著失敗。因為自我放縱是惡習的集合體，不管怎樣，失敗都是其必然的產物。人們即便是在飲食習慣上，也可能存在著惡習。有些人吃東西時，狼吞虎嚥，沒有節制，這就是惡習。在我們日常生活中，經常會看到這樣的人：將餐巾踩在腳下，或是搭在衣領上，翻山越嶺一般去拿取遠處的東西吃，有時候還打破桌上的東西，弄得人仰馬翻。這些人在聚餐活動中，經常讓其他人難堪。我們沒有必要去談論這些人的行為舉止，但像鴕鳥一樣自欺欺人地裝作什麼事都沒有發生，也違背我們的本意，很難做到。人類的天性決定了我們會專注於這些行為，有時候對它表示同情，但更多的時候是驚訝。

有一個敗家子，他有權揮霍自己的財富，同時，他還堅信一項理論，那就是他擁有全世界所有的錢。而且在他死後不久，那些接受過他錢財的人都會記住他的慷慨。這簡直就是痴心妄想！人們如何回憶他，完全是另外一碼事。我認為，無論是誰，對他的印象都不會是正面的。那些厭倦了他的無事獻殷勤的人，終於可以繼續他們原來的生活了，不用再費盡心思地躲避他過分的友好。在他眼裡，他就像是知道什麼對我們而言是最合適的，甚至超出

了我們對自己的理解。他請我們抽他喜歡的牌子的香菸，喝他挑的酒，吃他選擇的食物，戴他風格的那種領結，用他的那種大衣、帽子、鞋子和內衣。為了讓他的提議聽起來像一回事，他會自動地結帳！在這個小小的娛樂事件中，我們彷彿應該扮演的是接受者的角色，去讚賞他的慷慨。

　　無論我們從中得出什麼結論，必須記住的一點是：如果無節制地浪費財富，而只是想為別人做示範，那麼這種願望實際上就是一種罪惡，是可惡的，對於那些「接受者」來說則更為糟糕。

　　我們失敗的原因最終都能在自身找到答案。我們清楚地知道，無論找出什麼藉口，罪魁禍首都是我們自己。失敗就在前行之路的某處等待著我們，隨後我們就真的倒下了。我們性格中的保守因素最終會占上風，最後把整體連根拔起，導致整個計畫功虧一簣。我們對自身的反省從來都不嚴肅，尤其是生活比較順利時，通常會忽略掉這些。可是如果不妥善處理，很多東西都會被磨損掉。在前面的章節中，就有關於此話題的討論，強調了在生命早期審視自己的必要性，目的是讓我們知道自身的弱點，並立即採取措施，挖掘根源，使自己變為生命力持久的多年生「耐

第十三章　自我放縱與失敗

寒性植物」，一直能延續到生命的終結。同時，也提醒我們，不時地審視自己是一件好事。

在青澀的年輕歲月，我們往往會訂立很高的目標，然後朝著心目中的目標前進。剛開始一切都很順利，我們會對「安樂街」（意為生活富足舒適）津津樂道。但是當我們到達一定階段時，我們會發現，有些事情不對勁，必須加以改變，否則就會遭受生活的打擊。但是，「安樂街」看起來還不錯，它使人眼花撩亂，使我們身陷其中、不能自拔。在這一條街上，每個人都穿著「節日盛裝」，興高采烈。啊！這就是人們津津樂道的街道！接觸過這一條街道的人，跟我們說起過它，說這裡是有錢人的地盤。在這裡，我們或許可以找到生活中為之畢生奮鬥的東西，但對於那些想充分理解生命真諦的人來說，就像買了一張豪華版通行證一樣，不會在此地長時間逗留。當然，在這裡稍作停留，我們也不會受到傷害。

雖然這裡不乏金錢，但是我們必須馬上動身離開，繼續前進。我們所需要的，不僅僅是沿著這一條耀眼的道路行走！

第十四章

入不敷出

第十四章　入不敷出

　　一直以來,「入不敷出」這個概念是個大課題,必須從廣義上來看待,因為它是個動態的概念,會隨著環境的變化而改變。同時,也是我們必須面對的重大問題之一。如果個體之間沒有差異,那麼我們只需三言兩語就能講完這個問題。但是,人和人是不一樣的,一件事對一個人來說,可以易如反掌地辦到,而對另外一個人來說,卻難於上青天。因此,深入地研究「入不敷出」這個問題,是必需的,也是明智的。

　　負債對於大多數人來說,是可怕的,但對有些人而言,只是小事一樁,不足掛齒。因為,人類個體之間存在著差異,我們需要將這個方面考慮進去。當我們的經濟狀況陷入窘境時,迫切地需要使用信用卡,但那時我們還沒有建立起良好的信用關係。在這個身無分文、又不得不忍飢挨餓的情況下,不會有人同情我們。當然,有人會說「我付出了就該得到相應的回報」、「我不欠任何人錢」、「我從來都不會入不敷出」。但是,如果我們突遇天災人禍或者事業失敗,這時,往往會發現自己身無分文,無計可施。因此,人們常說「活到老,節約到老」,就是提醒人們要細水長流,以備不時之需。但是,過分節約,同樣會使人們的幸福生活大打折扣。

我們必須承認，斤斤計較每一分錢，會使得人們在前進的路上失去很多東西，隨著時間的流逝，還會變成人們的「快樂殺手」。一般情況下，家中過度節儉的行為，意味著一場艱苦的生活抗戰，讓兒子想要離家出走、獨立生活，令女兒盼望著盡快結婚、脫離苦海。在長吁短嘆之後，只留下母親，繼續著奴隸一般的辛苦工作，為了使累積的錢財盡可能地增加。這一切代表了一種極端的節約情況。我們是反對過分儲蓄的，並希望這一項觀點不被誤解。在這裡，提出這一項觀點的目的是，建議人們不要在犧牲個人福祉的情況下過度儲蓄。我們最好的計畫是適度理財，千萬不要忘記，我們的生活是需要享受的。同時，我們還必須在我們的社交圈中，樹立一個信用等級，就好比企業在金融機構中的信用等級一樣。這樣，當我們面臨入不敷出的困境時，才能得到朋友的鼎力相助。對企業而言，商業信用比金錢更寶貴，因為它更有活力，能夠帶來新的希望和機會。

　　有些商人，一輩子依靠現金做買賣，在他們想要擴大業務時，會發現他們的信用紀錄缺失。這是一個致命的問題。當他向別人借貸時，人們會對他的財務狀況表示懷疑。因為他們在發展壯大的過程中，忽視了打造信用聲

第十四章　入不敷出

譽。在商界同行的眼裡，他只是個支付現金以及索求現金的人。儘管他竭盡全力去做好每一件事，但是不會使他的世界變得更幸福或美好。一個類似於火災或是銀行破產的災難，都極有可能毀滅他的全部希望。因為，一個沒有信用的人，是很難東山再起的。所以，不管怎樣，在我們前進時，都要「未雨綢繆」。我們的節約可以由很多東西組成，不僅僅是銀行裡的現金。我們儲蓄的目的是要養成體面生活的習慣。在入不敷出的境況下並不意味著要節省每一分錢，儘管我們會因此變得邋遢和襤褸不堪。因為沒有任何東西能像衣冠不整那樣，直接降低我們的形象等級，影響我們身邊的人對我們的第一印象。

　　成功者總是一副風度翩翩、有教養的外表，這也是他們的個性特徵。整潔的服飾大方得體，通常還意味著穿衣人具有良好的教育背景。與之相比，那些假冒偽劣服裝永遠都是次級品，同時表示穿這種衣服的人可能是社會底層人士。如果我們不展現溫文爾雅的外表，那麼在追求成功的過程中，我們注定會被打敗。我們不能只是經由讀書來獲取想要的東西，還必須與人打交道，透過思想交流，了解那些實用的知識，使其成為我們的工具。

　　雖然有頭腦的人到處都受歡迎，但其受歡迎的程度與

他的外表和結交的人息息相關。我們經常會聽到人們說：「真遺憾，他雖然擁有智慧，卻不能贏得人們的尊敬。」這種情況必將導致一個糟糕透頂的結果：邋遢的人遲早會對自己失去信心，也許終止修身養性，或是放棄和他人交往的機會，從而陷入吝嗇的深淵。「中庸之道」，眾所周知，它也一樣適用於人生中關於「儲蓄」的議題，意味著我們應避免過度消費、入不敷出，理想的中庸路線是理智而非極端。然而，我們不能因為與重要人物交往時，需要更多的錢，而導致積蓄變少，就說是入不敷出，因為這是為以後獲得更大的機會而做的準備。年輕人求學時，會花光身上的最後一分錢。實際上，這是生活所必需的，也是一種儲蓄，一種為未來做的投資儲蓄。他們減少銀行儲蓄，將更多的錢用於求學，擴大自己的知識層面。然而，一個人不應該完全失去儲蓄的想法。上大學的年輕人，只是把錢投資在教育上，而沒有存在銀行帳戶中。但是，一旦人生道路上的計畫明確、收入固定時，存錢就應成為一項固定的習慣。除了投資以外，沒有任何辦法能讓我們積累資本。因為投資意味著儲存利息，或者是透過某些項目，獲得豐厚的報酬。我們針對賺錢這個議題，採訪了 1,000 個人。從他們的答案中，我們發現，可以獲得利息的投資，才是

第十四章　入不敷出

我們所需要的。事實上，利息投資比那些許諾巨大回報的投資都安全。後者使得人們遠離中規中矩，刺激他們冒險，而這些冒險最後都有可能導致失敗。

不是所有的人都能成為富人，畢竟，獲取財富不是人們生活中的唯一願望。世界上最快樂的人總是中產階層，而不是社會的兩極人群——窮人或者富人。從某種意義上來說，揮霍其實是在逃避生活，因為它使得我們軟弱、焦慮，並把我們驅逐出平和清新的綠色生活，永遠不得安寧。

第十五章
自力更生

第十五章　自力更生

已故的埃爾伯特·哈伯德為那些具有主動性的人，下了這樣一個定義：在沒有提示的情況下，能夠在正確的時間做正確的事情的人。毫無疑問，這樣的人能夠自力更生，哪怕勢單力薄，也會獨自將戰鬥進行到底。他們不依靠朋友，而在朋友需要幫助時，卻能一直陪伴在朋友身邊。

有一次，一名初出茅廬的記者被財經新聞部編輯派去採訪某個人。在尷尬的停頓後，這一位年輕人問道：「我去哪裡可以找到他？」財經新聞部編輯微笑著，輕蔑地看著他說：「他可能在任何地方。」也許我們會想，這件事會嚴重地傷害這一位年輕人的積極性，甚至會導致他記者生涯的結束，但事實正好相反，他把這個教訓銘記於心，隨時激勵自己，開始了自我精進的歷程。如果一個人在一個地方摔倒兩次，很可能會因此失去工作，並錯失事業成功的機會。但是，這一位年輕人沒有那樣做，而是繼續堅持，最終成為了著名的報業人士。他之所以成功，是因為他把握住時機，培養了自己主動和自力更生的性格習慣。毋庸置疑，主動性和自力更生這兩個詞對我們所有人都很重要。如果一個人不懂得培養自己的主動性，那麼他將用自己的餘生體驗沉痛的教訓。

然而，很多人白白錯過類似於上述年輕人那樣的機

會，最終失去了工作。在某種意義上來說，這也是無可避免的。這樣的人最終只會成天牢騷滿腹、遊手好閒，完全缺乏自信，任憑猶豫和踟躕取代自我精進的精神。他們會像石頭一樣跌落谷底，在那裡默默無聞。工作最終會將他們淹沒，因為他們缺乏主動性。他們將成為徹徹底底的懦夫，甚至對自己的影子也戰戰兢兢。

我們必須為自己創造機會。我們不能透視自己的未來，將來會變成什麼樣子，誰也不知道。事實上，缺乏自信是一種膽怯，會導致人們喪失勇氣。那些有著崇高理想的人，往往因為缺乏自信和信任別人的能力，在遇到困難與阻礙時，就喪失了信心。他們前進的勇氣瞬間灰飛煙滅般消失殆盡，最後只能以失敗告終。

每一次的失敗，都暴露出他們的一個弱點，最終徹底展現出的是他們的無能。在相當程度上，那些活在自己夢想中的人，最終只能是空歡喜一場。當然他們也曾有機會獲得成功，只是未能抓住。當一個人遭遇不幸時，他的浩瀚夢想就會被扔進垃圾桶，同時被扔進去的，還有他曾經為之奮鬥的全部希望。與此同時，失敗的陰影也會成為他人生的桎梏。

面對這樣的人，我們也只能表示遺憾，但我們不應該

第十五章　自力更生

讓他繼續沉淪，應及時鼓勵他，為他指出一條正確的路。我們不能對他進行說教，或者迫使他做任何事情，但至少我們可以向他伸出援助之手，讓他有一個希望。

一個人首先需要鍛鍊身體，獲得強健的體格。也許他的胃不好，牙齒也鬆動了，但定期的運動應成為他生活中的第一要事。呼吸新鮮空氣、散步、深呼吸、拳擊、划艇、溜冰，這些運動都能讓我們保持健康。從長遠來看，拳擊或許會成為最有效的運動之一。當一個人的眼部受到打擊，再回頭來尋找更多的東西時，最能鞏固自己的戰鬥力。這便是我們常說的勇氣。唯有百折不撓的勇氣才能擊敗對手。在生活中，我們也必須具備這一項品格。然而，當這一切都說過、做過後，運動、比賽或許會成為我們一天的工作重點，但是我們終究必須安靜下來，靜靜地吃飯，安靜地睡覺。因為，在這個世界上，沒有什麼東西能夠像吃飯和睡覺那樣讓我們保持健康。

說到底，成功與勇氣息息相關。堅強的人能在自己被撞倒後立刻站起來，別人的一擊只會更激發他的鬥志。人體系統是一個整體，如果一部分受到了影響，其他部分也會紛紛效法。所以說，人的勇氣不論是身體上的、道德上的還是精神上的，都來自同一個地方。在一件事情上建立

起來的勇氣,足以讓人們面對其他事情。

體育訓練對於培養主動性和自力更生來說相當重要。我們首要的目標是為自己塑造真正的性格,讓自己永不言敗。當遇到障礙時,我們必須有能力跨越它。最長的路往往也是最短的。有些事情說起來容易、做起來難,但主動性和自我精進好像不是這樣的。那些自力更生的人們都有一個共同的特點,那就是他們沒有藉口,不吹噓勝利。在他們眼裡,浮誇虛假就像惡習一般,令他們反感。他們需要的是一個公平的交易環境和對合夥人的信心。如果他們在一次嘗試中失敗了,他們仍會站起來,再試一下,直到成功為止。他們總有辦法反敗為勝。那些喜歡發牢騷、抱怨命運多舛的人跟這些人相較之下,就顯得十分渺小。他們對自己沒有信心,逢人就談怯懦、失敗之事,除此之外無事可做。同時,他們也承擔不起重任,只能一輩子做著乏味的僱員、順從的僕人。令人遺憾的是,他們如果在適當的時機審視自己,他們完全可以獲得成功。因為有生命就有希望,對於機會而言也是一樣。

關於主動的人的故事有很多。例如西元 1812 年戰爭中主動請纓的安德魯・傑克森(Andrew Jackson),還有我們身邊的例子:發生火災時,我們經常會看到勇敢的消防員

第十五章　自力更生

奮不顧身,拯救大量的生命。他們具有極強的主動性,並經過特殊的訓練,能夠應付任何可能隨時出現的危險。一旦緊急情況出現,他們就準備好馬上動身去做他被期待做的工作。

毫無疑問,如果沒有經過培訓,這些人肯定會把工作搞砸,不僅不會受到表揚,反而會被眾人鄙視甚至唾棄。有時候,一個人很偶然地就成了英雄,但他有能力成為一名英雄並非偶然,因為他必須具備主動和自力更生的精神。阿奇博爾德・C・布特(Archibald C. Butt)就是這樣的一個人,他與鐵達尼號一同沉沒。在他生命的最後一刻,他想到的是婦女和兒童,讓她們先逃生。這些人都忽略了懸在頭頂的厄運之劍。這種高尚的行為就是主動性和自力更生的最高表現形式。

生活中,這樣的人隨處可見。每天早上,在我們的班車上就有許多這樣的人。一旦有什麼緊急情況發生,他們會立刻挺身而出,用他們先前已經練就的熟練動作協助我們。我們會欣然服從他們的指揮命令。在最糟糕的事情發生時,他們溫和的聲音令我們心安,讓我們欣喜上路。我們不禁會想,如果沒有這些人,世界將會變成什麼樣?

歷史上有很多英雄們的故事。對於像聖女貞德一樣勇敢的人們而言，他們的英雄壯舉並沒有得到讚美和歌頌。因為，真正勇敢的人拒絕所有的掌聲，真正的英雄不在乎獎勵，對他們而言，在正確的時間做正確的事其本身就是回報。這種自強不息、自我精進的品格不局限於任何種族，但在個人自由較寬泛的國家裡，這種特質尤為顯著。無論什麼時候，只要有緊急情況出現，這些人都能勇敢地挺身而出。儘管在史書的記載中，對他們的行為描寫過於殘暴猛烈，但是那些世界上的戰爭依然成就了數以萬計的英雄，那些英雄人物因為勇敢、堅持不懈，而獲得了最後的勝利。像這樣的例子不勝列舉，在人類未來的生活中也會繼續發生，直至人類社會的終結。那些勇敢行為正在保護著這個世界所需要的主動性和自力更生的精神，這是一件非常棒的事情，我們應該進行到底，堅持到底。

　　那些一貫缺乏主動性的人會發現，隨著年齡的增加，擺脫性格弱點會變得越來越難。因此，最好的辦法就是趁著年輕，現在就開始改變。世界上還有很多的職位需要合適的人選，只要我們有能力，就能獲得工作機會。

第十五章　自力更生

第十六章

錯失良機

第十六章　錯失良機

在我們的生活中，到處都充滿了機遇，這些機遇總是受到人們的讚賞，並被給予王室般的歡迎。但是，機遇總是光顧那些門不上鎖的人家。因為這些人家的大門上掛著告示，上面寫著：「全天供應熱咖啡。」這是多麼誘人的邀請啊。與此相反，那些緊閉門窗的家庭總是會與機遇失之交臂。傻瓜先生就是這樣的一類人。在大多數時間裡，他都在睡覺。當有人來敲他家的門時，他總是用被子摀住自己的腦袋，以免受到打擾。即便有機會不斷地敲他的門，他也會賭咒發誓說他從來沒有聽到。他經常看到機會就在附近，但是很不幸的是他自己總不是第一個看到的人。只有當機會與自己面對面地走過來時，他才有可能把握住這個機會。但是，命運總是帶著某種不祥追隨著他，像這樣面對面的機遇總是少之又少。

這樣的人，早晚都會得到教訓。

他的一些鄰居總是與他保持一定的距離，總是把他當作「掃把星」似地遠遠避開，有時候見到他也是冷言冷語。因此，傻瓜先生總是在躲避鄰居，避開眾人，獨自而卑微地生活在自己的世界中。當然，他也希望機遇降臨。終於有一次，機遇來了，但是在絕望和壞名聲中，為了躲避責任，他怯懦地跑開了。時至今日，機會總是不斷地光顧傻

瓜先生居住的地方,但卻從來沒有進過他的家門。因為通向他家的路已經布滿雜草,機會無路可走。

　　機遇總是垂青那些有準備的人。事實上,我們真正的機會之門都是從自身內部敲開的。經過不斷地努力和累積經驗,我們的視野隨之開闊,心智之門逐漸敞開。接下來,我們便明白應該做些什麼,並努力將之實現。對那些沒看到機會的人而言,機會並不存在。但是,對我們之中很多高瞻遠矚的人來說,機會是無處不在的。那些為我們所用的機會都是健康的,並且是最適合我們的,就好比我們「自己的孩子」,最令我們引以為傲和自豪。

　　我們的夢想會激發我們對很多專業知識的渴求。為了學到這些知識,我們深入到現實中,尋求各式各樣的學習機會。當然,我們所做的一切並不是孤立的,而與其他的事情都存在著某種關聯,甚至在某種程度上,還取決於他人。正因為如此,我們變得更加謹慎和機敏。

　　從本質上來說,機會是分散的,我們還有可能會遇到厄運的打擊。雖然人生第一個機會也可能出現在酒吧裡,但經由品格的培養,我們就有能力慢慢進步,直到更好的機會到來。無論如何,有些最基本的準則是不能摒棄的。很多僱傭關係並不代表著真正的機會,至少不應被視為機遇。

第十六章　錯失良機

　　如果我們沒有把握這種所謂的機會,也不必難過。當然,未能把握一個好的機會就是很倒楣的事了。一般而言,與那些在大企業中身居要職、有能力掌握我們命運的人交往時,能獲得更多機會。當面對機遇時,如果我們擁有健康的體魄,做事認真主動,具有自力更生的精神,並積極向上、堅持不懈、勇往直前,那麼我們完全有理由、有信心迎接屬於自己的成功。

　　那些大公司的領導者都很民主,他們總是衣著整齊,眼睛炯炯有神,充滿智慧,並總能贏得人們的信任和好感,為下屬提供各式各樣的機會。換言之,我們不應該辜負這樣的機會,並應承擔我們相應的責任。為此,我們必須努力工作!如果要成為一名煤礦業的礦長,我們得穿上工作服;如果要成為大歌劇院的經理,我們就得西裝革履地出現在各種場合。

　　這個道理淺顯易懂,但在我們前進時,仍會發現很多人忽視了這一點。在這裡提到這個事實,是希望我們不要錯失機會,不要因為缺乏洞察力而成為不受歡迎的人。當我們正確理解生活時,機會就會出現在我們面前,而後我們就可以驕傲地看著自己的努力成果,真正地做到笑看人生!

第十七章

勇於承擔責任

第十七章　勇於承擔責任

　　要勇於承擔責任,那些害怕承擔責任的人注定一輩子只能做配角。許多人很聰明,但卻只能擔當「配角」。因為他們缺乏勇氣,缺乏必要的領袖特質,恐懼占據了他們的心靈,像陰鬱的帷幕一樣令人窒息。在親人、朋友和同事的眼中,他們都是優秀的人,生活得很好。但他們飽受過度謹慎帶來的痛苦,感覺一直缺少某種東西,這種東西他們也不知道究竟是什麼。

　　然而,冷靜、正直的聽眾知道,有時候需要給那些不敢打拚的人一腳,激發他們的鬥志,讓他們採取行動,勇往直前,讓他們徹底擺脫以往的遲鈍和愚蠢,去獲得成功。

　　如果是為了幫助他人樹立勇氣,那麼他的行為值得欽佩和尊敬。勇氣,像任何其他精神特質一樣,是一項需要及早訓練,才能得以樹立的特質。也就是說,在你的體內,勇氣和畏懼哪一個最先占領陣地,你就會成為哪一方面的人。在這方面考慮欠妥的父母,在以後的日子裡,需要做很多事情來排遣在兒童心中蔓延的恐懼。

　　粗心的父親,再加上誠惶誠恐的母親,必將導致孩子的過度恐慌。一旦種下恐懼的種子,它將迅速地生根發芽,想要在以後的日子裡擺脫它會難上加難。如果剛出生

的孩子是「畸形」腳,那麼他們的父母將花費畢生的積蓄矯正他的腳。整天看著自己畸形的腳,孩子心裡充滿了恐懼,小腦袋會胡思亂想。那些家長絞盡腦汁想要了解孩子們的小腦袋裡到底在想些什麼,但由於缺乏勇氣,他們總是瞻前顧後,害怕這個、擔心那個,在恐懼中熬過每一天,也使孩子們性格中的怯懦感不斷加深。

我們可以回憶童年趣事,能夠聽到親愛的媽媽大聲喊著:「寶貝,別靠近小溪,否則它會弄溼你的腳,你會生病的!」還能想起另一個人人皆知、廣為傳誦的警告:「快回來,寶貝,天快黑了,如果再不回來,妖怪就會把你抓去吃掉。」

幾年以後,當淘氣的孩子氣喘吁吁地跑進家門,後面還跟著一群窮追不捨的男孩時,我們也能聽到媽媽發出相同的吼叫,並說什麼「爸爸會教訓你的」這樣的話。與此同時,孩子恐懼而顫抖地聽著,心裡想著如果父親把威脅付諸實行,那將會是什麼降臨到他頭上。

如果橡樹的嫩枝在發芽時沒有變彎,那麼它一定會茁壯成長。小孩子注定會在某一天成長為男子漢,到那時,他必須具備勇氣這一項特質。無論如何,唯有擁有勇氣的人才能在這個世界上生存。儘管他可能會有這樣或那樣的

第十七章　勇於承擔責任

　　缺點,或畸形或駝背,但是社會一旦選擇了他,他將勇敢地承擔起責任,並成為推動世界的一股力量。

　　曾經有一名偉大的演說家,坐在講臺下面聽一名男子的演講。這一名男子告誡國民不要採取捍衛國家榮譽的措施,並大聲叫嚷著:「我們一定會比那些把我們捲入戰爭的人活得長,所以根本用不著採取任何措施。」於是那位偉大的演說家跳了起來,用響亮的聲音喊道:「上帝痛恨膽小鬼!」然後又坐了回去。突如其來的聲音讓聽眾們目瞪口呆,茫然發愣,但只過了片刻,他們就全都跳了起來,發出了不絕於耳的掌聲和歡呼聲。這一句話很快就在全國引起了共鳴,並在民間廣泛流傳。古老的《聖經》(*Bible*)中就有這樣一句話:「自助者天助。」這一名演講家言簡意賅的表述也表達了這個意思,效果令所有人震撼。

　　最終,全國上下同仇敵愾,嚴整軍備,穩固前線,使國民免於戰火。一切有助於建立勇氣的東西都是生命中彌足珍貴的財富,擁有得越多,我們就能走得越遠,生活也會因此變得更有情趣。一個人如果擁有獅子般勇敢的心,那麼在他面前所有的大門都是敞開的,怯懦的人全都會匍匐在他的腳下。有進取心的人不會向失敗者徵求意見,缺乏勇氣的人提出的建議必定有失偏頗,處理問題的方式也

會欠勇無謀,不足以效法。如果我們去找勇於行動的人,請求他們的幫忙,只要我們的主意不錯,他們就會馬上動手去執行。即使有什麼問題,他們的經驗也會提醒他,因為勇敢的人天生就擁有博大的胸懷和寬廣的視野。他們的心中沒有恐懼,這給予了他們穿越廣闊世界和採取行動的優先權,只要一息尚存,他們就會永不停歇。我們必須勇敢地面對自己的生活,並接受大智大勇之人的指引。

勇敢者目光深邃,思想睿智,並能贏得他人的尊重。如果身心都缺乏勇氣,我們就會成為生活的奴隸。勇氣是希望之子,它把人們的命運與高尚的品格緊密相連。在年輕人心中及早播下勇氣的種子,恐懼便會在萌芽階段被摧毀。勇氣會影響我們一生,使我們終身受益。

第十七章　勇於承擔責任

第十八章

適時結婚

第十八章　適時結婚

　　趁著年輕選擇一位同齡的女人,並與她結婚,這是一個不錯的想法,也是一件好事、美事。在這個年齡階段,個人生活進入平穩期,心理成熟,在這時承擔起這個責任也令人欣喜。有時人們會想只有先立業、後成家,才能讓未來的新娘享有舒適的生活。但是,如果僅僅因為這個原因而推遲結婚,那就犯了一個令人悲哀的錯。

　　男士們隨著年齡的增加,很容易發胖,只有到40歲時,才會變得富有和慷慨。但是,他也有可能永遠不會成功。到那時,他可能已經具備了結婚的經濟條件,並努力、極其挑剔地尋找著結婚的對象。但尋找的過程是漫長而又艱苦的,還會使我們變得世故。時間久了,再美豔的玫瑰都會變得黯然失色。

　　然而,在這一個過程中,我們從來沒有責怪過自己的變化。

　　如果在年輕時我們便遵循情感的指引,現在很可能我們的整個花園都種滿了玫瑰,處處都是幸福的愛巢,到處都洋溢著溫情和浪漫,感情也會永遠堅實穩固。年輕人面臨著眾多的困惑,婚姻問題只是其中最普遍的。對於人生這個關鍵的選擇,相較於其他事情,他們考慮得更全面,投入的精力更多,耗費的時間也更長。顯而易見,這是因

為它涉及雙方一生的幸福，小至個人，大到家庭。我們不是常聽到這樣一句話嗎：一個男人事業上的成功，在相當程度上，取決於他的妻子。

從某種意義上來說，丈夫的事業受其妻子的影響。比方說，如果妻子沒有同情心，對丈夫的志向不感興趣，這很可能會使丈夫在奮鬥的路上遇到困難時信心殆盡，從而期望落空，無功而返。但是，如果她性格開朗、活力十足，並且願意盡其所能在他們共同前進的路上，幫助丈夫跨過崎嶇的地段，那麼丈夫會被愛情所激勵，並全力以赴。在丈夫的意識裡，任何時候，他都有一個人可以依靠，那就是他的妻子。

通常情況下，在結婚伊始，我們都會承認婚姻是一件嚴肅的事情。但是，這並不是說，在生活中處處都是浪漫。婚姻必須有其實際的一面，這是我們不得不承認的一個現實因素。

婚姻不是一方統治另一方，而是彼此內心了解雙方的興趣愛好，並努力幫助對方達成心願。想要使婚姻達到完美，丈夫和妻子必須建立友誼，成為最好的朋友，相互尊重，對未來滿懷信心，愉悅地牽手走過一生。

如果擁有這種夥伴關係，那麼這個婚姻一定非常完

第十八章　適時結婚

美，夫妻雙方一定能共同走過一生。如果夫妻雙方缺乏友誼，愛就會飛走，像漸行漸遠的越洋飛機上的燈光一樣，漸漸黯淡。婚姻是一項長期的契約，但不應該把男人或者女人困住，同時，夫妻雙方也不應該懦弱到完全不想履行合約的程度。在結婚之前，雙方都有機會了解這個決定是否理智。在充分了解自己的內心想法後，一個男人需要考慮的所有事情就是選擇結婚對象，她一定要懂事、體貼並且健康，至於其他方面的事情，完全可以輕描淡寫，一躍而過。

我們不應該自找麻煩。有些人不適合結婚，但他們結婚了，婚姻讓他們成了笑柄。但是，不必過於煩惱，因為婚姻是一個無論怎樣都得發生的事情，這個話題與勸導人們「適時結婚」無關。任何一位真正的男子漢，在他的內心裡都想擁有一位好妻子，誰也不會理所當然地將婚姻一腳踢開。

當然，我們應該在盡可能的範圍內，準備好結婚，然後承擔起責任。至少我們應該在登機前先買票，因為提供機票是真正的男子漢的職責。婚姻是一段漫長的航程，所以不必買「來回票」。當然，一個人結婚時不一定要家財萬貫，但也不應該身無分文。如果蜜月後沒幾天就缺糧少

米,這將是對婚姻生活的一個嚴峻考驗。婚姻初始,就缺乏美好和堅實的感覺,這不亞於一場災難,表示在一開始你的領地就岌岌可危。這對於一個善良的小女人來說,會導致她的痛苦和悲傷。她會發現自己所選擇的丈夫,只是一個普通人,一個沒有遠見的人,婚姻對她而言也無異於是個沉痛的打擊。

婚姻生活也有春夏秋冬四季之分。我們度過每一個季節,都需要有一個同伴陪著。這個人就是與我們共同生活的那個人。她與我們分享快樂、分擔痛苦,在他人都退卻時,她依然支持著我們。當我們凝視著自己的孩子那幸福微笑的臉龐時,我們的內心滿懷欣喜,我們會發現他們那柔和的面頰、精緻的雙手、熱情的擁抱像極了他們的母親。當然,他們的母親看到那些同樣明亮的眼睛時,也會聯想到他們的父親。

父母對孩子的舐犢之情,是對婚姻中另一方的尊重。當孩子爬上來用手臂摟住我們的脖子時,就像一縷和煦的春光照亮了整個世界,這是多麼美好的日子啊!即使這是婚姻生活中唯一的補償,也將證明所有的一切都不是徒勞,因為孩子的降臨,讓家庭的連繫變得更加結實和堅固。對於一個剛開始婚姻生活的年輕人來說,要成為初生

第十八章　適時結婚

嬰兒的父親是一項最重要的考驗。但是，生活會讓他勇氣大增，他將承擔起一項全新的責任，這將令他堅強起來。不論將來的生活怎樣艱辛困苦，他都將義無反顧地走下去。

孩子們也會為母親帶來安慰和快樂，陪伴她們度過丈夫外出奔波時的漫長時光。春天時，愛將寂寞和厭倦驅逐出家門，大家聚在一起，共同享受美好的時光，但隨著時光流逝，我們會發現自己對生活的願望日漸增多。為了讓孩子在面對紛繁複雜的大千世界時不至於手足無措，我們總是絞盡腦汁、想方設法讓孩子們接受良好的教育，事先盡可能規劃好他們的未來。我們會發現，對於培養孩子的性格而言，家庭是最早的、最適宜的也是最重要的場所。秋天的遲暮對我們來說並不可怕，附近依然飄揚著動聽的婚禮進行曲，晚輩們還會來探望我們，青春又一次敲響家庭的大門。這樣我們將不再懼怕冬天，因為我們已經準備好了，在我們溫暖的家庭之路上，總有一支新的隊伍補充進來，趕走我們對衰弱和羸弱的顧慮。總之，我們要順應自然，把握青春的脈搏，讓依舊深思熟慮的人們「適時結婚」。對於那些順應自然規律，並尊重社會習慣的人來說，世界是美好的，「適時結婚」就是一切美好的源頭。

第十九章

笑對人生

第十九章　笑對人生

在這一章中，我們專門討論「你」和「我」之間的關係。也許你很想知道，我自己是否是按照上述那些想法生活的。的確，我是那樣做的，並且很容易就做到了。我的狀態很好，身體健康，心情愉快。如果身體不好，我的寫作一定會半途而廢的。新鮮的空氣總是令我陶醉其中，讓我情緒高漲。日常工作促使我血液循環加速，讓我不再渴望人為的刺激。此外，我總是設法讓自己保持忙碌，因為活動才是真正的萬靈丹！但是，這並不全是指體力活動，我還需要閱讀好書，豐富自己的大腦。不論是日常工作還是在做其他的事情，都能增加我的知識存糧。除此之外，我還需要做的就是關注自己的內心。

我們必須懷抱一項信念：腳踏實地地認真工作。如果我們滿懷希望，人生的奧祕就不再深不可測。從孩提時代起，我大部分的時間都在閱讀莎士比亞的作品，那是完全不同於其他書籍的作品。除了《聖經》以外，沒有任何書籍可以和它相提並論。我父親之所以讓我學習莎士比亞的書籍，部分原因是出於對大詩人的熱愛，還有部分原因是為了培養我的記憶力。我很小的時候就能背誦莎士比亞著作的內容了，之後隨著我年齡的增加，逐漸理解了其中的含義。

後來，我成了這一位哲學大師真摯的推崇者和超級粉絲，在我眼中，他的偉大無人能及。在《哈姆雷特》(*Hamlet*)中，從波洛涅斯(Polonius)對他兒子雷爾提(Laertes)最後的告別演說中，我們找到了最美的警告語：「現在像四百年前一樣美好，人們將繼續往日的做法，直到時間的盡頭。」儘管我們已經非常熟悉這些臺詞，但是重複朗讀還是必須要做的事情，因為這有助於我們理解這些句子中的深刻含義。人性的剖析和挖掘可以跨越時間的長河，不管在任何時候都符合現實。

　　如果我們想貸款「十美元」，現在我們就可以去，不用在意那些繁瑣的格言和臺詞。我們應該聆聽每個人的心聲，而不只是說出我們自己的心聲；我們應該接受每個人的譴責，但應保留我們自己的判斷。無論你需要購買的東西有多麼昂貴，但一定要有價值。因為這些代表了一個人的品味。人首先要對自己真誠，不要欺騙任何人，正如白天與黑夜一樣，黑白分明，真實明確。

　　無論如何，結束這本書的時間到了，但我們對生活的希望還要繼續。很高興寫這本書，希望它能受到大家的喜歡。

　　也許大家都很忙，大部分時間被用於各種繁雜的事務，但我想大家也會有安靜的時刻，那時讓我們靜靜地坐

第十九章　笑對人生

著,審視自己,這也是我從生活中歸納出的經驗。我相信大家也願意隨時審視自己,笑對人生。如果我在這本書中的敘述,能夠加深大家對於幸福的理解,那麼我將非常感謝我的幸運之星和我親愛的朋友 —— 范朋克。

第二十章
喬治·克里爾
(George Creel)
談論范朋克

第二十章　喬治‧克里爾（George Creel）談論范朋克

范朋克先生年輕時就具有電影明星的魅力。同樣地，他的故事也非常傳奇，並相當具有價值。也許任何一個美國人都應該像他那樣，但事實上卻很少有人能做到。他毫不屈服的樂觀精神，能夠化腐朽為神奇。

他心地單純、天性樂觀，像每一個美國人那樣，他的生活也總是豐富多彩的。他擁有永久不變的咧嘴微笑。我想，如果微笑也有世界紀錄，那他一定是紀錄的保持者。每一天的每分每秒，我們都會發現他很快樂，從來不曾見過他牢騷滿腹或滿臉憂鬱的樣子。即便是在談論他的失敗經歷時，在他的口中也從未出現過「厄運」這個詞語。彷彿希望越渺茫，前景越黯淡，他的笑容就越燦爛。快樂已經成為他的一種習慣，並賦予他勇氣，帶給他無窮的能量和堅定的決心。

我們的民族是一個年輕而偉大的民族。在美國，沒有什麼理想是不可能實現的。然而，在這一片土地上，牢騷卻比地球上任何國家都多。令人悲傷的是，正是因為牢騷，我們的快樂差點被剝奪。野餐時，我們會發怒；室外宴會上，我們會謾罵；晚餐時，我們會彼此討厭和拌嘴。面對這樣的情況，政府應該聘請范朋克先生擔任笑的使者，到全國各地進行旅行演講，教會大家如何笑，如何擺

脫整日的牢騷。

　　如果在過去的三年中，人們的憤怒和牢騷使得美國的財富增加了410億美元，那麼我們不妨設想一下，要是我們一直是快樂、幽默和樂觀的，那樣會使財富增加多少呢？范朋克先生就是一個活生生的例子，他從默默無聞到成名，從貧窮到富有，他的崛起完全是憑藉他天生樂觀的性格。什麼長相英俊，藝術性強？都是胡說八道！范朋克的容貌連他那近乎功利的母親都不敢恭維，但他的演技，則令那些受埃德溫‧布斯（Edwin Booth）和勞倫斯‧巴瑞特（Lawrence Barrett）影響的戲劇評論家們都深受感動，時常讓他們感動得熱淚盈眶。

　　興趣是最好的老師，正是范朋克對事情百分之百的興趣，推動著他走向成功。做事時，他從來不半途而廢，永遠滿懷熱情。在他短暫的職業生涯中，他演過莎士比亞戲劇，扮演華爾街職員、水手、流浪漢和商人。1900年，范朋克自丹佛高中畢業，考上普林斯頓大學。前往大學報到的路上，在火車上，他遇到了一名在哈佛就讀的年輕人。這位年輕人在劍橋大學選修了一門特殊課程，經過一年的學習，他在馬戲團找到了適合的工作，並在職位上充分發揮了他的才能。這一名年輕人向劇院推薦了范朋克，並給

第二十章　喬治・克里爾（George Creel）談論范朋克

了他一張著名悲劇作家弗雷得里克・沃特的名片。當沃特先生見到范朋克後，很快就喜歡上了他的微笑，並請他擔任《黎塞留》(Richelieu) 中法蘭索瓦（François）男僕的角色。范朋克在表演時，活力十足、表情愉悅，表現得相當搶眼，彌補了他經驗上的不足。

他的精采表演，大大震驚了沃特先生。沃特先生稱他為極富天資的另類演員。在接下來長達一年的時間裡，年輕的范朋克一直忙於演出。但是，莎士比亞的崇拜者們終於無法忍受他的表演了，提出了抗議，范朋克只好接受命運的安排。5個月後，這一位閃耀的明星在壓力下倒下了。正在這個時候，「華爾街上遍地是黃金」的消息傳到了范朋克的耳中，他微笑著來到德科佩和多雷米（D'Orsay and Doréme）的辦公室，應徵了訂貨員的工作。范朋克一直都記得，在那間辦公室裡，應徵時他既高興又害怕，但他出色地完成了面試。事實上，有些人堅持認為是范朋克發明了科學管理。我曾好奇地問他：「科學管理是怎麼回事？」他回答我說：「就像下面這個樣子：每一個星期上班的五天裡，我都會對我的助手說──『的確如此，就按你想的進行。』每一個周末，我都會衝到經理的辦公室大喊，告訴他工作上的不足，解決問題的方法以及如何提高工作效

率。」對范朋克而言，他填補閒暇時間的方式就是進行一些令人煩心的事：翻滾、拳擊、摔角、像青蛙一樣跳過椅子，還有其他一些小型的慶祝行為。在一定程度上，他把公司的日常工作弄得雜亂無章。

但是，他沒有被解僱。在公司緊張不安的時候，傑克比爾茲和小歐文來了，這兩名強壯有力的足球運動員加入了范朋克的隊伍。他們渴望更大的冒險和刺激。三人找到了負責運牛船的官員，堅持說他們有辦法與牲畜打交道，因此而得到了乾草管理員的工作。范朋克說：「我們發現牛真是人類的好朋友，我們說不出牠們一點的壞話。」

運牛船抵達利物浦後，他們每人得到了 8 先令。接著，他們流浪著穿越英國、法國和比利時，靠打零工賺取旅行的錢。

無論是為挖掘機運水，還是為漁船撤走鋪路石，他們三個都生活得很歡樂。3 個月後，他們乘坐汽船回到家中。回家後，年輕魯莽的范朋克觸犯了法律，但他成功地脫身了。

後來，他在一家工廠找到了一份工作。有一天，他發現自己居然有了 50 美元的財富，於是他去了古巴和猶加敦半島。在不定期的旅行中，他感覺到自己有很長一段時間

第二十章　喬治‧克里爾（George Creel）談論范朋克

沒有登上舞臺了，總覺得缺少了一點什麼。於是，他返回家中專心寫劇本。我曾經訪問演出《普利茅斯鎮的玫瑰》的女明星明尼杜普雷：「在演出的那段日子裡，范朋克是什麼類型的演員？」她謹慎而果斷地回答：「我認為他是我所知道的最有天賦的舞蹈家。」後來，精力充沛的威廉‧A‧布雷迪（William A. Brady）遇到了范朋克，兩人一拍即合，在喜悅歡呼中彼此擁抱對方，成為了好朋友。在接下來的 7 年裡，他們一起書寫了戲劇界的傳奇。對於范朋克而言，他所飾演的每一個角色都能為觀眾帶來快樂和熱情。生活中，他的名字隨處可見，已然成為了一個耀眼的明星。同時，他還非常注意維護自己的個人形象，從來不會出現在任何不健康、無震撼力、毫無意義的劇目中。

電影界向范朋克拋出了橄欖枝，並開出了十分優渥的條件，許諾范朋克可以做任何他願意做的事情。透過互利互惠，電影公司得到了他們想要的，同時，范朋克也得到了自己想要的。他有生以來第一次能夠盡情釋放自己所有的個性力量，一分鐘都沒有被浪費。

在電影《羔羊》（*The Lamb*）中，他第一次在鏡頭前冒險：一條響尾蛇從他身上爬過，與一頭美洲獅對抗，用機關槍與一群印第安人作戰並打敗他們。

在《報紙上的電影》(*His Picture in the Papers*) 一片中，他需要駕駛一輛汽車越過懸崖，和專業的拳擊手進行 6 輪艱苦的搏鬥；他需要在跳上大西洋班輪之後游到遠處的海岸上，以及與 6 個愛斯基摩人肉搏；他需要兩次飛躍風馳電掣的火車，因反抗穿著警察制服的傑斯威拉茲軍隊而被逮捕。

在《混血兒》(*The Half-Breed*) 一片中，他到了加州，前往卡拉韋拉斯郡森林火災的中心。在烈焰中，他拯救勇敢的警長，使其免於被燒成焦炭。雖然大火燒焦了他的頭髮和臉，但是等到水皰癒合、頭髮和睫毛再次長出來後，他還是像原來那樣精力充沛。

在《幸福的習慣》(*The Habit of Happiness*) 一片中，他飾演一位身懷絕技的英雄，同時與 5 名歹徒搏鬥，並將每個人打倒在地。由於他表演過於賣力，導致手腫了一個多星期，眼睛和鼻子則腫得更嚴重。

《大英雄》(*The Hero*) 是一部西部片，裡面充滿了刺激的鏡頭。影片中，我們的英雄在崇山峻嶺間疾馳，從一座山翻越到另一座山，隻身阻止特快列車行進，每隔幾分鐘就與那些力大無窮的亡命之徒搏鬥。范朋克充分演繹了英雄憑藉兩隻拳頭所能做到的一切。

第二十章　喬治・克里爾（George Creel）談論范朋克

《跳躍的魚的奧祕》(*The Mystery of the Leaping Fish*)一片就是眾所周知的「水的電影」。劇中，范朋克作為一名偵探，被迫在黑暗的潛水艇中與日本暴徒和鴉片走私者格鬥。他還幽默地說：「真希望哪天自己可以長出鰭來。」

在電影《曼哈頓的瘋狂》(*Manhattan Madness*)中，范朋克需要沿著水管爬到屋簷上，穿過大門，然後跳進地下城，每隔幾分鐘就與惡棍們殊死搏鬥，殺出一條進入密室的血路。

一般情況下，那些「正統」的明星們在電影拍攝的過程中，都會迴避「暴力動作」。一些危險動作都由替身來完成，例如摔下懸崖、全速穿越路障、肉搏格鬥以及從燃燒的大樓屋頂上跳下來等等。但是，范朋克從不用替身，可謂是為數不多的電影英雄。他自己並不敢做的事情，從不要求別人。他擁有強健的身體，幾乎擅長每一項競技運動，例如游泳、拳擊、馬球、柔道、雜技、賽車等等。他還喜歡即興表演，他的機智和充滿活力的熱情總是讓他的表演無懈可擊。我們常常可以看到這樣的場景：他原本應該跳入情人向他招手的那個窗口，但是，在他爬上臺階的瞬間，他的目光瞥見了門廊欄桿、窗臺、陽臺，他突然就像貓一般竄上了屋頂。在另一部電影中，他被困在一間小

屋的屋頂上。他無視編劇的撤退計畫，突然瘋狂地跳到附近的一棵楓樹上，並抓住樹枝，溜到了地面上。他的天賦總是令人震撼，同時也讓導演無計可施、無可奈何。

電影《混血兒》中的一些打鬥動作要在一棵紅木上拍攝，它高達 20 英呎，直衝雲霄。導演對范朋克喊道：「道格，爬到那些樹的頂上。」可是，范朋克卻直奔一棵在紅木根部生長的樺樹，然後像弓箭手一般，把樹枝弄彎到地面，然後一躍而起，讓結實的樺樹將他彈射到最高處。他笑道：「你現在要我怎麼辦呢？」導演大笑著回答：「以同樣的方式回來。」

也許，大部分的「正統」演員認為這些電影的拍攝過程相當乏味。正如一個人用極度失望的語調跟我說：「對於一個年輕人而言，沒有什麼事情是不能去做的。比如在那些遠離文明的山洞中拍電影，沒有飯店，沒有人陪伴，沒有浴缸⋯⋯」但是，范朋克從來沒有這樣的抱怨。當沒有任何娛樂的時候，他會發揮每個人身上都具備的幽默感。他們在北加州的卡圭尼茲森林拍攝《混血兒》時，在大部分情況下，拍攝結束後，他的雙手都在出血，衣服也骯髒不堪、破爛不已。有一天，導演看到范朋克的衣櫃空空如也，就問他：「你又在搞什麼惡作劇？」而他只是如實地還

第二十章　喬治・克里爾（George Creel）談論范朋克

原生活，盡最大可能地貼近真實，這讓他更了解土地、森林和溪流。以同樣的方式，他的《大英雄》傳遞了前線生活所包含的所有價值。這一部電影是在莫哈韋沙漠中拍攝的，有一段時間，大家對於惡劣的環境條件煩躁不安，但當他們看到范朋克沒有要求任何替身，兢兢業業、一板一眼地帶著笑容翻筋斗時，他們都發自肺腑地尊敬他，並受到了深深的感動和鼓舞。

范朋克從一個人那裡學會了馴服野馬，從另外一個人那裡學會了捆繩，又從其他人那裡學會了一切有關馬、牛、山區和平原的知識，聽到了歷史中永遠都找不到的故事。如果拍攝某一部電影需要柔道技術，他不會滿足於自己的初級程度，一有空閒時間便會與日本專家切磋，爭取在每一個環節上精進自己。他還以同樣的方式練習拳擊，並和人比賽，從來不會空手而歸，也不介意自己被打成黑眼圈。他的這些習慣，一直堅持到現在。每當電影中有打鬥情節時，導演不得不聘請專業人士，以因應范朋克的專業水準。在拍攝電影《水》時，范朋克要駕駛雙翼飛機，並與飛行員成為好朋友。到電影殺青時，他儼然已經成為一名專業飛行員。

無論何時何地，從事何種工作，范朋克總能發現一些

有趣的東西，因為他相信，生命的每一分鐘都是為生活而安排的。他在一個十字路口等車時，利用 10 分鐘記住了經營商的名字，並學習了摩斯電碼。他的這種令人可敬的特質讓人折服。人們喜歡他，因為他喜歡大家。他對人對物都感興趣，所以他能吸引別人對他的興趣。

三角電影公司的總裁哈里・艾特肯（Harry E. Aitken）對我說：「銀幕是我們親密的朋友，將演員帶到您的眼前。在舞臺戲中，化妝師和燈光師會巧妙地遮掩演員的缺點，但在電影中，任何一個表情變化都不會被遺漏。這是一個真實性的考驗，它需要一個真正的男人或女人來承擔。藝術不是重要的事情，容貌也不像人們想像的那樣重要，真正重要的是藝術背後的內涵，這是使電影獲得成功的關鍵之處。如果觀眾觀看電影什麼也沒得到，那麼藝術家和美麗的容貌都不會長久。我們認為，范朋克作為一個影星，吸引人的並不是他驚人的演技，而是他身上流露出非凡的人格魅力。」

當范朋克先生不演戲時，他會與兒童一起玩耍，坐飛船或汽車，結識流浪漢和打獵者，或是騎馬，或是用繩索練習絕技。在他年輕的時候，還利用業餘時間寫劇本。眾所周知，那些老舞臺劇、小說的改編，或者是陳腔濫調的

第二十章　喬治‧克里爾（George Creel）談論范朋克

普通創作，都是電影劇本中廉價的東西。然而，年輕的范朋克從一開始就不同意常規習俗，他宣稱：「我們必須憑藉自己的腳站穩，培養我們自己的劇作家！」事實上，他演出的每一部戲都有他個人的建議在其中，很多劇作都是他與劇作家通力合作完成的。范朋克對電影的要求有三點：動作、健康和真實的情感。

范朋克的內心和身體一樣堅強，並充滿活力。他愛好讀書和思考，在他微笑的背後是熱心、同情以及對生活的願景。他堅持「幸福的生活習慣」的觀點，他把握機會在書中呈現了非主流社會層面、貧民窟的苦難以及各種形式的社會不公正現象。但是，這並不表示范朋克認為自己不需要進步和改變，而是如他所說的那樣——「哪怕是一小步的改變也會有所幫助。」

在我和他的最後一次談話中，他還熱切地關注著電影的未來。他宣稱：「電影就像音樂，可以從一個國家傳播到另外一個國家。但是，為什麼愛情、仇恨、悲傷、雄心和笑聲卻做不到呢？世界各國人民都知道，在你了解他人以後，很難再去痛恨他們。電影能讓我們了解對方，化解兩國之間因猜忌和戰爭而引發的冷酷分歧。」我們討論了許多事情，從平常小事到電影中的大事，然後，我把一開始

就準備好的問題拋給他:「跟舞臺劇相比,你是怎麼看待電影的?當夜幕降臨、華燈初上時,你會不會感到遲疑不安?」他回答說:「這二者之間有很大的區別,劇院中的劇目大部分都是啞劇,只有在啞劇無法呈現出實際情節時,才會採用對話的形式。當然,這並不是說,我後悔演出了那些沒有對話的電影。」

他還說:「不過,我很難過,因為電影缺乏了與觀眾的互動。我指的不是掌聲,而是觀眾的眼神。這很重要。它能立即告訴你是成功了還是失敗了,你的聲音聽起來是自然還是做作。不用裝腔作勢地配音,與之相反,演員都在表演自己的角色,還有各式各樣的動作。在電影裡,你找不到這些,你的觀眾就是導演。第一天你在森林裡,第二天可能就在沙漠中,第三天或許就在海上了。」

「太誇張了!」我叫道,「我知道這一切都是在工作室裡進行的。」「我自己想出的點子。」他笑著說,「但僅此而已。在製作『有聲電影』時,經常有很多現實主義的東西。父親必須在一個盛滿真正的水的盆子中,用真正的肥皂洗東西;在每一個打穀場上,至少要有兩隻母雞;當洛蒂回家時,她不得不在懷中抱著一個真正的孩子。老天爺呀,我從來就不知道什麼是現實主義,直到我看到了電影。觀

第二十章　喬治‧克里爾（George Creel）談論范朋克

眾已經瘋狂地迷上了它。

　　《混血兒》改編自布雷特‧哈特（Bret Harte）的故事，除了美國加州北部卡圭尼茲森林之旅以外，導演並沒有做什麼。其中有一個森林火災的場景，之前對於此我並沒有想太多，直到我看到工作人員為了防止火勢蔓延，購買了一些化學藥品和消防器材，並請來了消防大隊，我才真正明白了這是一場火災。逃離火災之後，我感覺自己像被一個墨西哥理髮師剃了鬍鬚。」

　　接著，我提出了我的下一個問題：電影會對話劇有什麼樣的影響呢？「看看它已經產生的影響吧。」他說，「蕭伯納（George Bernard Shaw）是唯一的劇作家，他聰明絕頂，能寫出很好的對白，把很多人都吸引進劇院。但是，電影滿足了公眾看動作的需求，卻徹底地改變了情節和戲劇的進展。」我又問道：「你認為這是一件好事？難道這不意味著是對感覺思考的替代嗎？」「是的。」他慢慢地回答，「世界走進你的心，而不是進入你的大腦。在我看來，幸福是情感上的，而不是精神上的。電影把幸福帶到了數百萬人身邊，而他們之前的生活是單調的、色彩黯淡的。我喜歡去那些偏遠地區的小禮堂，看著男人、婦女和兒童在晚上聚在一起看電影。然而，在此之前，劇團從未到過

村莊，男人們只能待在客廳裡，無所事事；女人們除了廚房和陽臺之外也無處可去。是電影把世界帶到了他們的門前，從此，他們的生活變得更豐富、更愉快、更美好。」

從范朋克的立場來看，他是最接近「真實的生活」的演員。像他這樣的男人總會贏得人們的喜愛以及孩子們的崇拜。在他最近回家鄉丹佛的訪問中，年輕人紛紛成群結隊地跟在他身後，並大喊著要找機會感受他的力量。市長依舊讓他發表公開演講，而演講的主題則是來自畫廊的慰問：「嘿，道格，你能鞭打威廉‧法納姆（William Farnum），不讓暴力橫行。」這是一個好現象，一個健康的象徵，象徵著美利堅民族的血液仍然熱情洋溢，我們的骨頭沒有軟化。

國家圖書館出版品預行編目資料

微笑攻略,人生遊戲這樣玩就對:財富、事業、婚戀……強敵接二連三,裝備笑容突破難關!/ [美]道格拉斯・范朋克(Douglas Fairbanks)著,李叢梅 譯 . -- 第一版 . -- 臺北市:崧燁文化事業有限公司, 2025.09
面; 公分
POD 版
ISBN 978-626-416-757-4(平裝)

1.CST: 自我實現 2.CST: 人生哲學
177.2　　　　　　114012636

微笑攻略,人生遊戲這樣玩就對:財富、事業、婚戀……強敵接二連三,裝備笑容突破難關!

作　　者:[美]道格拉斯・范朋克(Douglas Fairbanks)
譯　　者:李叢梅
發 行 人:黃振庭
出 版 者:崧燁文化事業有限公司
發 行 者:崧燁文化事業有限公司
E - m a i l:sonbookservice@gmail.com
粉 絲 頁:https://www.facebook.com/sonbookss/
網　　址:https://sonbook.net/
地　　址:台北市中正區重慶南路一段 61 號 8 樓
8F., No.61, Sec. 1, Chongqing S. Rd., Zhongzheng Dist., Taipei City 100, Taiwan
電　　話:(02) 2370-3310　　傳　　真:(02) 2388-1990
印　　刷:京峯數位服務有限公司
律師顧問:廣華律師事務所 張珮琦律師

-版權聲明-

本書版權為出版策劃人:孔寧所有授權崧燁文化事業有限公司獨家發行電子書及繁體書繁體字版。若有其他相關權利及授權需求請與本公司聯繫。

未經書面許可,不可複製、發行。

定　　價:250 元
發行日期:2025 年 09 月第一版
◎本書以 POD 印製